MINISTÈRE DU COMMERCE, DE L'INDUSTRIE,

DES POSTES ET DES TÉLÉGRAPHES

SOUS-SECRÉTARIAT D'ÉTAT DES POSTES ET DES TÉLÉGRAPHES

DIRECTION DU MATÉRIEL ET DE LA CONSTRUCTION

ACCIDENTS DU TRAVAIL

LOI, RÈGLEMENTS ET CIRCULAIRE

(Mai 1902.)

PARIS

IMPRIMERIE NATIONALE

1902

MINISTÈRE DU COMMERCE, DE L'INDUSTRIE

DES POSTES ET DES TÉLÉGRAPHES

SOUS-SECRÉTARIAT D'ÉTAT DES POSTES ET DES TÉLÉGRAPHES

DIRECTION DU MATÉRIEL ET DE LA CONSTRUCTION

ACCIDENTS DU TRAVAIL

LOI, RÈGLEMENTS ET CIRCULAIRE

(Mai 1902.)

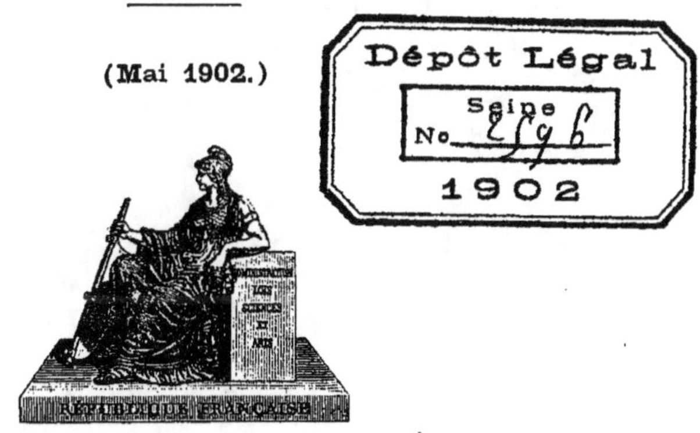

PARIS

IMPRIMERIE NATIONALE

1902

Paris, le 1er février 1901.

DIRECTION DU MATÉRIEL ET DE LA CONSTRUCTION. — 1er BUREAU.
CONSTRUCTION ET ENTRETIEN DES LIGNES AÉRIENNES ET SOUTERRAINES.

CIRCULAIRE N° 42

relative à l'application aux ouvriers commissionnés et auxiliaires de la loi du 9 avril 1898 concernant les accidents survenus par le fait ou à l'occasion du travail.

MONSIEUR LE DIRECTEUR, la loi du 9 avril 1898, concernant les responsabilités des accidents dont les ouvriers sont victimes dans leur travail, qui a été insérée au *Journal officiel* du 10 avril 1898, et dont vous trouverez le texte ci-annexé, est applicable aux ouvriers commissionnés, auxiliaires ou temporaires de l'Administration des Postes et des Télégraphes qui participent à des travaux d'équipe ou d'atelier.

D'après l'article 3 de la loi du 9 avril 1898, l'ouvrier a droit à une *indemnité* journalière pour l'incapacité *temporaire* de travail résultant de sa blessure et à une *rente* pour l'incapacité permanente. En cas de mort, une *pension* est servie aux ayants droit.

Il convient d'examiner ces différents cas :

Pour l'incapacité temporaire, c'est-à-dire causée par une lésion complètement guérissable, quel que soit, d'ailleurs, le temps nécessaire à cette guérison et ne laissant subsister après ladite guérison aucun amoindrissement de l'aptitude de l'ouvrier au travail, la victime a droit, en vertu de la loi, à une *indemnité journalière* égale à la moitié du salaire touché au moment de l'accident, si l'incapacité a duré plus de quatre jours et à partir du cinquième jour.

L'application des dispositions ci-dessus aux *ouvriers commissionnés* leur serait moins favorable que les règlements en vigueur.

En effet, dans le cas de maladie, le salaire normal des ouvriers commissionnés leur était maintenu provisoirement en vertu de l'arrêté du 1er juin 1875 dont l'article 20 est ainsi conçu :

« *Les ouvriers commissionnés, malades et alités, conservent leur salaire quotidien* « *pendant trois mois au plus. Au delà de cette limite, leur situation est réglée par* « *décision spéciale.* »

Ce serait méconnaître l'esprit de la législation nouvelle que de réduire les avantages consentis jusqu'à ce jour par l'Administration en faveur de ses ouvriers d'équipe. Il a donc paru équitable, non seulement de maintenir l'intégralité du salaire proprement dit aux ouvriers commissionnés et stagiaires, victimes d'un accident du fait de leur travail, mais encore de mettre le texte ci-dessus plus

2

complètement en harmonie avec les prescriptions de la loi qui stipulent que l'indemnité est due pendant toute la durée de l'incapacité temporaire de travail, quelle que soit cette durée. C'est dans ce but que la limite de trois mois a été supprimée dans le paragraphe 1er de l'article 1er de l'arrêté du 23 janvier 1901 dont vous trouverez ci-jointe une copie.

L'article 20 de l'arrêté du 1er juin 1875 restera en vigueur pour le cas de maladie proprement dite contractée soit à l'occasion du service, soit en dehors du service, et dans le cas d'accident proprement dit non visé par la loi de 1898.

La loi exige que l'interruption de service ait duré plus de quatre jours et n'accorde l'indemnité qu'à partir du cinquième jour. Cette condition, contraire aux errements suivis jusqu'à ce jour, n'est pas reproduite dans l'arrêté. Le salaire proprement dit est maintenu sans discontinuité, même si l'interruption de travail est inférieure à quatre jours, et, par salaire proprement dit, il faut entendre la somme fixe correspondant à la classe de l'ouvrier et à la catégorie à laquelle appartient sa résidence.

En résumé les ouvriers commissionnés ou stagiaires conservent leur salaire normal pendant toute la durée de l'incapacité temporaire en cas d'accident survenu par le fait ou à l'occasion de leur service et pendant trois mois seulement en cas d'accident non visé par la loi ou de maladie contractée ou non à l'occasion du service.

La situation des ouvriers auxiliaires ou temporaires était réglée par les dispositions de l'arrêté ministériel du 5 septembre 1896, en vertu desquelles ils recevaient, *pendant une période de trois mois au plus et au prorata du nombre de jours ouvrables*, une allocation de subsistance de 3 francs par jour, allocation réduite, suivant les charges de famille de l'intéressé, à 1 ou 2 francs quand la victime était hospitalisée aux frais de l'Administration.

Cet arrêté ne peut plus être maintenu. Pour certains ouvriers, en effet, l'allocation de subsistance de 3 francs serait inférieure à l'indemnité prévue par la loi. De plus, l'uniformité de cette allocation est contraire au principe de proportionnalité de l'indemnité au salaire édicté par le texte législatif, principe plus équitable eu égard aux variations dont est susceptible le prix de la main-d'œuvre. Enfin la période d'incapacité temporaire peut dépasser trois mois.

Les prescriptions de l'article 3 de la loi du 9 avril 1898 sont applicables aux ouvriers auxiliaires ou temporaires contraints d'interrompre provisoirement leur service par suite d'un accident proprement dit survenu par le fait ou à l'occasion du travail. En conséquence, il n'y a plus lieu de limiter à trois mois la période pendant laquelle l'indemnité sera allouée à la victime, qui y aura droit quelle que soit la durée de l'incapacité de travail. De plus, ainsi que l'indique la loi, cette indemnité doit être *journalière*; c'est-à-dire qu'elle est due aussi bien pour les dimanches et jours fériés que pour les jours ouvrables.

Enfin, en vertu de l'article 2 de l'arrêté du 23 janvier 1901, cette indemnité est due à partir du premier jour. Elle est égale à la moitié du salaire, comme le dit la loi, mais avec un minimum de 3 francs, qui a été maintenu pour que les ouvriers qui ont un salaire de moins de 6 francs conservent le bénéfice de l'arrêté abrogé du 5 septembre 1896.

En cas d'hospitalisation, l'Administration prenant les frais à sa charge, comme il sera dit plus loin, l'ouvrier auxiliaire ou temporaire touchera encore la moitié de son salaire, mais alors aucun minimum ne limite cette indemnité.

L'indemnité allouée d'après ces bases est déterminée par le salaire que l'ouvrier touchait au moment de l'accident. Lorsque ce salaire varie d'un jour à l'autre, ce qui peut se produire notamment dans divers ateliers de l'Administration où le travail est payé à la tâche, le salaire de base sera le salaire moyen calculé sur un nombre de jours suffisant pour que le résultat représente, aussi exactement que possible, les ressources dont l'ouvrier disposait quotidienne-ment au moment de l'accident.

La loi s'applique exclusivement au cas d'une suspension de service résultant d'un accident survenu par le fait ou à l'occasion du travail. D'après les règle-ments précédemment en vigueur, les maladies qui n'étaient pas la conséquence d'un accident proprement dit, lors même qu'elles paraissaient avoir leur cause dans le service, ne donnaient droit, en faveur des ouvriers auxiliaires ou tempo-raires, à aucune indemnité, *si ce n'est en vertu de décisions spéciales*. A titre de mesure bienveillante, les ouvriers *auxiliaires* devront désormais, en cas de ma-ladie contractée ou non à l'occasion du service ou d'accident non visé par la loi, bénéficier d'avantages analogues à ceux qu'instituait l'article 20 de l'arrêté du 1ᵉʳ juin 1875, en faveur des ouvriers commissionnés. En pareil cas ils con-serveront la moitié de leur salaire quotidien dans les conditions spécifiées à l'article 2, § 2, sous cette seule réserve qu'ils n'y auront droit que pendant trois mois à compter du lendemain de l'interruption du service.

En résumé, les ouvriers auxiliaires ou temporaires conserveront la moitié de leur salaire normal, dès le début et pendant toute la durée de l'incapacité tem-poraire, s'il s'agit d'un accident survenu par le fait ou à l'occasion de leur service, avec un minimum de 3 francs s'ils ne sont pas hospitalisés; sans mini-mum s'ils sont hospitalisés. Le même traitement est appliqué *aux ouvriers auxiliaires, mais pendant trois mois* seulement, en cas d'accident non visé par la loi ou de maladie contractée ou non à l'occasion du service.

Les indemnités journalières dues en vertu de l'article 2 de l'arrêté du 23 jan-vier 1901 seront liquidées d'office à terme échu. Cette liquidation aura lieu aux mêmes dates que celle des salaires de l'équipe. Elle se fera au moyen de man-dats individuels motivés et se référant à l'arrêté du 23 janvier 1901. Les fonds de délégation nécessaires devront être prévus à l'état 1071 (2ᵉ tableau, page 4).

Après la reprise du travail de l'ouvrier, vous devrez inscrire d'office, dans vos comptes et à l'état 1071 (1ᵉʳ tableau, 3ᵉ partie, «Dépenses éventuelles effectuées d'office») des crédits égaux aux dépenses faites, et adresser, sous le timbre du bureau compétent, un rapport sommaire justificatif. Une mention spéciale devra d'ailleurs être insérée dans la colonne d'observations de l'état 1071.

Dans le cas d'*incapacité permanente* (partielle ou absolue) ou d'accident suivi de mort, la loi sera indistinctement appliquée aux ouvriers commissionnés, auxiliaires ou temporaires. Toutefois, il doit être bien entendu que le service de la pension peut être suspendu, avec le consentement de l'intéressé au cas où l'Administration peut lui donner un emploi qu'il serait susceptible d'occuper et pour lequel son salaire antérieur lui serait maintenu.

Les indemnités calculées soit d'après les tarifs fixés par la loi en cas d'incapa-cité permanente ou en cas de décès, soit en vertu des règlements administratifs visés plus haut en cas d'incapacité temporaire, doivent être accordées pour tout accident survenu par le fait ou à l'occasion du travail sans tenir compte des cir-constances de l'événement. Toutefois la règle comporte des exceptions lorsque la victime a intentionnellement provoqué l'accident ou lorsqu'il y a eu faute inexcusable soit de l'ouvrier, soit des représentants de l'Administration qui sont responsables du travail. Dans le premier cas, la victime n'a droit à aucune indem-nité; dans les deux autres cas, le chiffre normal de l'indemnité peut être soit diminué, soit augmenté et. si la détermination définitive du chiffre de cette indemnité ne pouvait avoir lieu à l'amiable, elle serait fixée par les tribunaux compétents.

Les indemnités accordées par la loi, en cas de décès, aux ascendants et des-cendants de la victime ne sont dues qu'à une double condition. Il faut : 1º qu'il n'y ait pas de conjoint survivant, ni d'enfant mineur de moins de seize ans;

2° que les réclamants aient été à la charge de la victime au moment de l'accident. Pour les descendants, il faut de plus qu'il n'aient pas atteint l'âge de seize ans.

La question de savoir si les ascendants ou descendants étaient à la charge de la victime est une pure question de fait. Dans le cas où il y aurait contestation sur ce point, les tribunaux apprécieraient.

Quelle que soit la gravité de l'accident, les frais médicaux, pharmaceutiques et funéraires seront, après justification, remboursés comme par le passé. Il en sera de même, le cas échéant, des frais d'hospitalisation. Le relevé détaillé de tous ces frais, avec factures à l'appui, devra être soumis au préalable à l'approbation de l'Administration. Si, en cas de décès, le maximum de 100 francs prévu par la loi pour les frais funéraires se trouvait dépassé, il y aurait lieu d'indiquer, d'une façon très explicite, les causes de surélévation des dépenses. L'Administration appréciera s'il convient de rembourser les frais en excédent.

Par application de l'article 11, tout accident ayant occasionné une incapacité de travail doit être déclaré dans les 48 heures au maire de la commune qui en dresse procès-verbal. Cette déclaration devra être faite d'une manière rigoureuse dans tous les cas, quelle que soit la gravité présumée de l'accident. *Elle ne pourra être envoyée par la voie postale,* et ne sera valable que si elle est faite par vous-même ou par l'un de vos représentants au maire (ou à son représentant) de la commune sur le territoire de laquelle l'accident s'est produit. Je vous recommande d'exécuter cette importante formalité avec le plus de célérité et de ponctualité possible. Vous ne devrez jamais perdre de vue que c'est au maire seul ou à son représentant, à l'exclusion de tout autre fonctionnaire, que la déclaration doit être faite aux termes de la loi.

Le modèle de la déclaration à faire a été établi par le décret du 18 août 1899 (*Journal officiel* du 22 août 1899). Vous en trouverez ci-annexée une reproduction.

La cause, la nature et les circonstances de l'accident devront être relatées avec la plus grande exactitude dans cette déclaration; ce sont là en effet des éléments essentiels pour permettre d'apprécier si l'accident est survenu par le fait du travail ou à l'occasion du travail. Dans le cas où un accident ferait plusieurs victimes, il devrait y avoir une déclaration distincte pour chacune d'elles.

Indépendamment de la déclaration, tout accident qui se produira dans les équipes devra comme par le passé faire l'objet d'un rapport immédiat et aussi explicite que possible, destiné à en faire connaître les causes, les circonstances et la gravité et à déterminer les responsabilités encourues, suivant les premières apparences, ainsi que la durée probable d'incapacité de travail de la victime. Le récépissé de la déclaration à la mairie et une copie du certificat du médecin devront être joints à ce rapport.

Lorsque d'après le certificat médical, la blessure paraît devoir entraîner la mort ou une incapacité permanente de travail, le juge de paix du canton est avisé par le maire et est tenu, en vertu de l'article 12 de la loi, à procéder à une enquête dans les 24 heures de la réception de cet avis. Cette enquête devant avoir lieu contradictoirement (art. 13), le Directeur ou son délégué, l'Inspecteur du service électrique de préférence, devra se rendre à la convocation du juge de paix. Dès que la minute de cette enquête sera déposée au greffe, il y aura lieu de vous en faire délivrer une expédition, affranchie du timbre et de l'enregistrement, et de l'adresser à l'Administration.

Indépendamment de cette enquête judiciaire, chaque fois que la nature et la gravité d'un accident le comportera, vous devrez, de votre côté, faire procéder, sur le champ, à une enquête approfondie de manière à recueillir immédiatement tous les éléments d'information et témoignages propres à établir les droits ou les obligations de l'Administration. Les pièces de cette enquête devront être transmises aussitôt que possible au bureau compétent, avec vos conclusions motivées.

Cette enquête administrative, pas plus que votre rapport, ne devront être communiqués au juge de paix; les prescriptions du paragraphe 5 de l'article 13 ne concernent pas, en effet, l'Administration des Postes et des Télégraphes.

Enfin par application des dispositions de l'article 31, vous êtes tenu de faire afficher dans les locaux où se tiennent les ouvriers la loi du 9 avril 1898 et les règlements d'administration publique relatifs à son exécution. Vous devrez me donner l'assurance que cette prescription a été exécutée.

Je vous prie de m'accuser réception de la présente circulaire par retour du courrier.

Le Ministre du Commerce, de l'Industrie,
des Postes et des Télégraphes,

A. MILLERAND.

ARRÊTÉ DU 23 JANVIER 1901.

Le Ministre du Commerce, de l'Industrie, des Postes et de Télégraphes,

Vu l'article 20 de l'arrêté ministériel du 1er juin 1875 ;
Vu l'arrêté ministériel du 5 septembre 1896 ;
Vu la loi du 9 avril 1898 concernant les responsabilités des accidents dont les ouvriers sont victimes dans leur travail ;
Sur la proposition du Sous-Secrétaire d'État des Postes et des Télégraphes,

Arrête :

Art. 1er. Les ouvriers commissionnés ou stagiaires contraints d'interrompre temporairement leur service par suite d'un accident survenu par le fait ou à l'occasion de leur travail, conservent intégralement leur salaire quotidien proprement dit pendant toute la durée de leur incapacité.

Lorsque l'accident entraîne une incapacité permanente (absolue ou partielle) de travail, ou est suivi de mort, les rentes ou pensions à servir à la victime ou aux ayants droit sont calculées conformément aux prescriptions de la loi du 9 avril 1898.

Dans le cas d'incapacité permanente, absolue ou partielle, la victime recevra intégralement son salaire quotidien proprement dit jusqu'au jour fixé par l'ordonnance du président du tribunal civil ou par le jugement de ce tribunal pour le point de départ de la rente.

Dans le cas où l'ouvrier commissionné ou stagiaire est hospitalisé, l'Administration des Postes et des Télégraphes prend à sa charge les frais d'hospitalisation. L'ouvrier reçoit, en outre, intégralement son salaire quotidien comme il est dit ci-dessus.

En cas de maladie, ou si l'accident n'est pas survenu par le fait ou à l'occasion du service, l'article 20 de l'arrêté du 1er juin 1875 sera toujours applicable et l'ouvrier conservera son salaire quotidien, jusqu'à concurrence de trois mois.

Art. 2. La loi du 9 avril 1898 est appliquée dans tous les cas aux ouvriers auxiliaires ou temporaires victimes d'un accident survenu par le fait ou à l'occasion de leur travail.

Toutefois, dans le cas d'incapacité temporaire l'indemnité *journalière,* prévue à l'article 3 de ladite loi, est allouée dès le premier jour qui suit celui où le service a été interrompu. Conformément à la loi elle est due pour les dimanches et jours fériés comme pour les autres jours et pendant toute la période d'incapacité de travail, quelle qu'en soit la durée. Cette indemnité journalière, qui est en principe de la moitié du salaire, ne sera pas inférieure à 3 francs lorsque l'ouvrier ne sera pas hospitalisé.

Dans le cas où l'ouvrier auxiliaire ou temporaire est hospitalisé, l'Administration des Postes et des Télégraphes prend à sa charge les frais d'hospitalisation. L'ouvrier reçoit, en outre, l'indemnité journalière à laquelle il a droit en vertu de la loi. Mais le minimum de 3 francs ne s'applique pas à ce cas.

Si l'incapacité est permanente, absolue ou partielle, la victime recevra l'indemnité journalière comme il est dit ci-dessus jusqu'au jour où commeucera le payement de la rente.

En cas de maladie ou si l'accident n'est pas survenu par le fait ou à l'occasion du service, l'ouvrier *auxiliaire*, incapable de travailler, reçoit néanmoins l'indemnité journalière dans les conditions ci-dessus spécifiées avec cette seule réserve qu'elle lui est due pendant trois mois au plus.

Art. 3. L'indemnité journalière prévue à l'article ci-dessus est liquidée et payée d'office, à terme échu, par les soins du chef de service, aux mêmes dates que les salaires de l'équipe.

Art. 4. L'arrêté du 5 septembre 1896, relatif à l'allocation de subsistance à accorder aux ouvriers auxiliaires ou temporaires victimes d'un accident survenu dans l'exécution de travaux télégraphiques ou téléphoniques est abrogé.

Fait à Paris, le 23 janvier 1901.

A. MILLERAND.

LOI DU 9 AVRIL 1898

concernant les responsabilités des accidents dont les ouvriers sont victimes dans leur travail.

(*Journal officiel* du 10 avril 1898.)

LE SÉNAT ET LA CHAMBRE DES DÉPUTÉS ont adopté,

LE PRÉSIDENT DE LA RÉPUBLIQUE promulgue la loi dont la teneur suit :

TITRE PREMIER.

INDEMNITÉS EN CAS D'ACCIDENTS.

ART. 1er. Les accidents survenus par le fait du travail, ou à l'occasion du travail, aux ouvriers et employés occupés dans l'industrie du bâtiment, les usines, manufactures, chantiers, les entreprises de transport par terre et par eau, de chargement et de déchargement, les magasins publics, mines, minières, carrières et, en outre, dans toute exploitation ou partie d'exploitation dans laquelle sont fabriquées ou mises en œuvre des matières explosives, ou dans laquelle il est fait usage d'une machine mue par une force autre que celle de l'homme ou des animaux, donnent droit, au profit de la victime ou de ses représentants, à une indemnité à la charge du chef d'entreprise, à la condition que l'interruption de travail ait duré plus de quatre jours.

Les ouvriers qui travaillent seuls d'ordinaire ne pourront être assujettis à la présente loi par le fait de la collaboration accidentelle d'un ou de plusieurs de leurs camarades.

ART. 2. Les ouvriers et employés désignés à l'article précédent ne peuvent se prévaloir, à raison des accidents dont ils sont victimes dans leur travail, d'aucunes dispositions autres que celles de la présente loi.

Ceux dont le salaire annuel dépasse deux mille quatre cents francs (2,400 fr.) ne bénéficient de ces dispositions que jusqu'à concurrence de cette somme. Pour le surplus, ils n'ont droit qu'au quart des rentes ou indemnités stipulées à l'article 3, à moins de conventions contraires quant au chiffre de la quotité.

ART. 3. Dans les cas prévus à l'article 1er, l'ouvrier ou l'employé a droit :

Pour l'incapacité absolue et permanente, à une rente égale aux deux tiers de son salaire annuel;

Pour l'incapacité partielle et permanente, à une rente égale à la moitié de la réduction que l'accident aura fait subir au salaire;

Pour l'incapacité temporaire, à une indemnité journalière égale à la moitié du salaire touché au moment de l'accident, si l'incapacité de travail a duré plus de quatre jours et à partir du cinquième jour.

Lorsque l'accident est suivi de mort, une pension est servie aux personnes ci-après désignées, à partir du décès, dans les conditions suivantes :

A. Une rente viagère égale à 20 p. o/o du salaire annuel de la victime pour le conjoint survivant non divorcé ou séparé de corps, à la condition que ^ mariage ait été contracté antérieurement à l'accident.

En cas de nouveau mariage, le conjoint cesse d'avoir droit à la rente mentionnée ci-dessus; il lui sera alloué, dans ce cas, le triple de cette rente à titre d'indemnité totale.

B. Pour les enfants, légitimes ou naturels, reconnus avant l'accident, orphelins de père ou de mère, âgés de moins de 16 ans, une rente calculée sur le salaire annuel de la victime à raison de 15 p. o/o de ce salaire s'il n'y a qu'un enfant, de 25 p. o/o s'il y en a deux, de 35 p. o/o s'il y en a trois, et 40 p. o/o s'il y en a quatre ou un plus grand nombre.

Pour les enfants, orphelins de père et de mère, la rente est portée pour chacun d'eux à 20 p. o/o du salaire.

L'ensemble de ces rentes ne peut, dans le premier cas, dépasser 40 p. o/o du salaire ni 60 p. o/o dans le second.

C. Si la victime n'a ni conjoint ni enfant dans les termes des paragraphes A et B, chacun des ascendants et descendants qui était à sa charge recevra une rente viagère pour les ascendants et payable jusqu'à 16 ans pour les descendants. Cette rente sera égale à 10 p. o/o du salaire annuel de la victime, sans que le montant total des rentes ainsi allouées puisse dépasser 30 p. o/o.

Chacune des rentes prévues par le paragraphe C est, le cas échéant, réduite proportionnellement.

Les rentes constituées en vertu de la présente loi sont payables par trimestre; elles sont incessibles et insaisissables.

Les ouvriers étrangers, victimes d'accidents qui cesseront de résider sur le territoire français recevront, pour toute indemnité, un capital égal à trois fois la rente qui leur avait été allouée.

Les représentants d'un ouvrier étranger ne recevront aucune indemnité si, au moment de l'accident, ils ne résidaient pas sur le territoire français.

Art. 4. Le chef d'entreprise supporte en outre les frais médicaux et pharmaceutiques et les frais funéraires. Ces derniers sont évalués à la somme de cent francs (100 fr.) au maximum.

Quant aux frais médicaux et pharmaceutiques, si la victime a fait choix elle-même de son médecin, le chef d'entreprise ne peut être tenu que jusqu'à concurrence de la somme fixée par le juge de paix du canton, conformément aux tarifs adoptés dans chaque département pour l'assistance médicale gratuite.

Art. 5. Les chefs d'entreprise peuvent se décharger pendant les trente, soixante ou quatre-vingt-dix premiers jours à partir de l'accident, de l'obligation de payer aux victimes les frais de maladie et l'indemnité temporaire, ou une partie seulement de cette indemnité, comme il est spécifié ci-après, s'ils justifient :

1° Qu'ils ont affilié leurs ouvriers à des sociétés de secours mutuels et pris ' leur charge une quote-part de la cotisation qui aura été déterminée d'un commun accord, et en se conformant aux statuts-type approuvés par le Ministre compétent, mais qui ne devra pas être inférieure au tiers de cette cotisation;

2° Que ces sociétés assurent à leurs membres, en cas de blessures, pendant trente, soixante ou quatre-vingt-dix jours, les soins médicaux et pharmaceutiques et une indemnité journalière.

Si l'indemnité journalière servie par la société est inférieure à la moitié du salaire quotidien de la victime, le chef d'entreprise est tenu de lui verser la différence.

Art. 6. Les exploitants de mines, minières et carrières peuvent se décharger des frais et indemnités mentionnés à l'article précédent moyennant une subvention annuelle versée aux caisses ou sociétés de secours constituées dans ces entreprises en vertu de la loi du 29 juin 1894.

Le montant et les conditions de cette subvention devront être acceptés par la société et approuvés par le Ministre des travaux publics.

Ces deux dispositions seront applicables à tous autres chefs d'industrie qui auront créé en faveur de leurs ouvriers des caisses particulières de secours en conformité du titre III de la loi du 29 juin 1894. L'approbation prévue ci-dessus sera, en ce qui les concerne, donnée par le Ministre du commerce et de l'industrie.

Art. 7. Indépendamment de l'action résultant de la présente loi, la victime ou ses représentants conservent, contre les auteurs de l'accident autres que le patron ou ses ouvriers et préposés, le droit de réclamer la réparation du préjudice causé, conformément aux règles du droit commun.

L'indemnité qui leur sera allouée exonérera à due concurrence le chef d'entreprise des obligations mises à sa charge.

Cette action contre les tiers responsables pourra même être exercée par le chef d'entreprise, à ses risques et périls, au lieu et place de la victime ou de ses ayants droit, si ceux-ci négligent d'en faire usage.

Art. 8. Le salaire qui servira de base à la fixation de l'indemnité allouée à l'ouvrier âgé de moins de seize ans ou à l'apprenti victime d'un accident ne sera pas inférieur au salaire le plus bas des ouvriers valides de la même catégorie occupés dans l'entreprise.

Toutefois, dans le cas d'incapacité temporaire, l'indemnité de l'ouvrier âgé de moins de seize ans ne pourra pas dépasser le montant de son salaire.

Art. 9. Lors du règlement définitif de la rente viagère, après le délai de révision prévue à l'article 19, la victime peut demander que le quart au plus du capital nécessaire à l'établissement de cette rente, calculé d'après les tarifs dressés pour les victimes d'accidents par la Caisse des retraites pour la vieillesse, lui soit attribué en espèces.

Elle peut aussi demander que ce capital, ou ce capital réduit du quart au plus comme il vient d'être dit, serve à constituer sur sa tête une rente viagère réversible, pour moitié au plus, sur la tête de son conjoint. Dans ce cas, la rente viagère sera diminuée de façon qu'il ne résulte de la réversibilité aucune augmentation de charges pour le chef de l'entreprise.

Le tribunal, en chambre du conseil, statuera sur ces demandes.

Art. 10. Le salaire servant de base à la fixation des rentes s'entend, pour l'ouvrier occupé dans l'entreprise pendant les douze mois écoulés avant l'accident, de la rémunération effective qui lui a été allouée pendant ce temps, soit en argent, soit en nature.

Pour les ouvriers occupés pendant moins de douze mois avant l'accident, il doit s'entendre de la rémunération effective qu'ils ont reçue depuis leur entrée dans l'entreprise, augmentée de la rémunération moyenne qu'ont reçue, pendant la période nécessaire pour compléter les douze mois, les ouvriers de la même catégorie.

Si le travail n'est pas continu, le salaire annuel est calculé tant d'après la rémunération reçue pendant la période d'activité que d'après le gain de l'ouvrier pendant le reste de l'année.

TITRE II.

DÉCLARATION DES ACCIDENTS ET ENQUÊTE.

ART. 11. Tout accident ayant occasionné une incapacité de travail doit être déclaré, dans les quarante-huit heures, par le chef d'entreprise ou ses préposés, au maire de la commune qui en dresse procès-verbal.

Cette déclaration doit contenir les noms et adresses des témoins de l'accident. Il y est joint un certificat de médecin indiquant l'état de la victime, les suites probables de l'accident et l'époque à laquelle il sera possible d'en connaître le résultat définitif.

La même déclaration pourra être faite par la victime ou ses représentants.

Récépissé de la déclaration et du certificat du médecin est remis par le maire au déclarant.

Avis de l'accident est donné immédiatement par le maire à l'inspecteur divisionnaire ou départemental du travail ou à l'ingénieur ordinaire des mines chargé de la surveillance de l'entreprise.

L'article 15 de la loi du 2 novembre 1892 et l'article 11 de la loi du 12 juin 1893 cessent d'être applicables dans les cas visés par la présente loi.

ART. 12. Lorsque, d'après le certificat médical, la blessure paraît devoir entraîner la mort ou une incapacité permanente absolue ou partielle de travail, le maire transmet immédiatement copie de la déclaration et le certificat médical au juge de paix du canton où l'accident s'est produit.

Dans les vingt-quatre heures de la réception de cet avis, le juge de paix procède à une enquête à l'effet de rechercher :

1° La cause, la nature et les circonstances de l'accident;

2° Les personnes victimes et le lieu où elles se trouvent;

3° La nature des lésions;

4° Les ayants droit pouvant, le cas échéant, prétendre à une indemnité;

5° Le salaire quotidien et le salaire annuel des victimes.

ART. 13. L'enquête a lieu contradictoirement dans les formes prescrites par les articles 35, 36, 37, 38 et 39 du Code de procédure civile, en présence des parties intéressées ou celles-ci convoquées d'urgence par lettre recommandée.

Le juge de paix doit se transporter auprès de la victime de l'accident qui se trouve dans l'impossibilité d'assister à l'enquête.

Lorsque le certificat médical ne lui paraîtra pas suffisant, le juge de paix pourra désigner un médecin pour examiner le blessé.

Il peut aussi commettre un expert pour l'assister dans l'enquête.

Il n'y a pas lieu, toutefois, à nomination d'expert dans les entreprises administrativement surveillées, ni dans celles de l'État placées sous le contrôle d'un service distinct du service de gestion, ni dans les établissements nationaux où s'effectuent des travaux que la sécurité publique oblige à tenir secrets. Dans ces divers cas, les fonctionnaires chargés de la surveillance ou du contrôle de ces établissements ou entreprises et, en ce qui concerne les exploitations minières, les délégués à la sécurité des ouvriers mineurs, transmettent au juge de paix, pour être joint au procès-verbal d'enquête, un exemplaire de leur rapport.

Sauf les cas d'impossibilité matérielle dûment constatés dans le procès-verbal, l'enquête doit être close dans le plus bref délai et, au plus tard, dans les dix jours à partir de l'accident. Le juge de paix avertit, par lettre recommandée, les parties de la clôture de l'enquête et du dépôt de la minute au greffe, où elles pourront, pendant un délai de cinq jours, en prendre connaissance et s'en faire délivrer une expédition, affranchie du timbre et de l'enregistrement. A l'expiration de ce délai de cinq jours, le dossier de l'enquête est transmis au président du tribunal civil de l'arrondissement.

Art. 14. Sont punis d'une amende de un à quinze francs (1 à 15 fr.) les chefs d'industrie ou leurs préposés qui ont contrevenu aux dispositions de l'article 11.

En cas de récidive dans l'année, l'amende peut être élevée de seize à trois cents francs (16 à 300 fr.).

L'article 463 du Code pénal est applicable aux contraventions prévues par le présent article.

TITRE III.

COMPÉTENCE. — JURIDICTIONS. — PROCÉDURE. — REVISION.

Art. 15. Les contestations entre les victimes d'accidents et les chefs d'entreprise, relatives aux frais funéraires, aux frais de maladie ou aux indemnités temporaires, sont jugées en dernier ressort par le juge de paix du canton où l'accident s'est produit, à quelque chiffre que la demande puisse s'élever.

Art. 16. En ce qui touche les autres indemnités prévues par la présente loi, le président du tribunal de l'arrondissement convoque, dans les cinq jours à partir de la transmission du dossier, la victime ou ses ayants droit et le chef d'entreprise, qui peut se faire représenter.

S'il y a accord des parties intéressées, l'indemnité est définitivement fixée par l'ordonnance du président, qui donne acte de cet accord.

Si l'accord n'a pas lieu, l'affaire est renvoyée devant le tribunal, qui statue comme en matière sommaire, conformément au titre XXIV du livre II du Code de procédure civile.

Si la cause n'est pas en état, le tribunal surseoit à statuer et l'indemnité temporaire continuera à être servie jusqu'à la décision définitive.

Le tribunal pourra condamner le chef d'entreprise à payer une provision; sa décision sur ce point sera exécutoire nonobstant appel.

Art. 17. Les jugements rendus en vertu de la présente loi sont susceptibles d'appel selon les règles du droit commun. Toutefois, l'appel devra être interjeté dans les quinze jours de la date du jugement s'il est contradictoire et, s'il est par défaut, dans la quinzaine à partir du jour où l'opposition ne sera plus recevable.

L'opposition ne sera plus recevable en cas de jugement par défaut contre partie, lorsque le jugement aura été signifié à personne, passé le délai de quinze jours à partir de cette signification.

La cour statuera d'urgence dans le mois de l'acte d'appel. Les parties pourront se pourvoir en cassation.

Art. 18. L'action en indemnité prévue par la présente loi se prescrit par un an à dater du jour de l'accident.

Art. 19. La demande en revision de l'indemnité fondée sur une aggravation ou une atténuation de l'infirmité de la victime ou son décès par suite des conséquences de l'accident, est ouverte pendant trois ans à dater de l'accord intervenu entre les parties ou de la décision définitive.

Le titre de pension n'est remis à la victime qu'à l'expiration des trois ans.

Art. 20. Aucune des indemnités déterminées par la présente loi ne peut être attribuée à la victime qui a intentionnellement provoqué l'accident.

Le tribunal a le droit, s'il est prouvé que l'accident est dû à une faute inexcusable de l'ouvrier, de diminuer la pension fixée au titre I".

Lorsqu'il est prouvé que l'accident est dû à la faute inexcusable du patron ou de ceux qu'il s'est substitué dans la direction, l'indemnité pourra être majorée, mais sans que la rente ou le total des rentes allouées puisse dépasser soit la réduction, soit le montant du salaire annuel.

Art. 21. Les parties peuvent toujours, après détermination du chiffre de l'indemnité due à la victime de l'accident, décider que le service de la pension sera suspendu et remplacé, tant que l'accord subsistera, par tout autre mode de réparation.

Sauf dans le cas prévu à l'article 3, paragraphe A, la pension ne pourra être remplacée par le payement d'un capital que si elle n'est pas supérieure à 100 francs.

Art. 22. Le bénéfice de l'assistance judiciaire est accordé de plein droit, sur le visa du procureur de la République, à la victime de l'accident ou à ses ayants droit, devant le tribunal.

A cet effet, le président du tribunal adresse au procureur de la République, dans les trois jours de la comparution des parties prévue par l'article 16, un extrait de son procès-verbal de non-conciliation; il y joint les pièces de l'affaire.

Le procureur de la République procède comme il est prescrit à l'article 13 (paragraphes 2 et suivants) de la loi du 22 janvier 1851.

Le bénéfice de l'assistance judiciaire s'étend de plein droit aux instances devant le juge de paix, à tous les actes d'exécution mobilière et immobilière, et à toute contestation incidente à l'exécution des décisions judiciaires.

TITRE IV.

GARANTIES.

Art. 23. La créance de la victime de l'accident ou de ses ayants droit relative aux frais médicaux, pharmaceutiques et funéraires ainsi qu'aux indemnités allouées à la suite de l'incapacité temporaire de travail, est garantie par le privilège de l'article 2101 du Code civil et y sera inscrite sous le n° 6.

Le payement des indemnités pour incapacité permanente de travail ou accidents suivis de mort est garanti conformément aux dispositions des articles suivants.

Art. 24. A défaut, soit par les chefs d'entreprise débiteurs, soit par les sociétés d'assurances à primes fixes ou mutuelles, ou les syndicats de garantie liant solidairement tous leurs adhérents, de s'acquitter, au moment de leur exigibilité, des indemnités mises à leur charge à la suite d'accidents ayant entraîné la mort ou une incapacité permanente de travail, le payement en sera assuré aux intéressés par les soins de la Caisse nationale des retraites pour la vieillesse, au moyen d'un fonds spécial de garantie constitué comme il va être dit et dont la gestion sera confiée à ladite Caisse.

Art. 25. Pour la constitution du fonds spécial de garantie, il sera ajouté au principal de la contribution des patentes des industriels visés par l'article 1", quatre centimes (0 fr. 04) additionnels. Il sera perçu sur les mines une taxe de cinq centimes (0 fr. 05) par hectare concédé.

Ces taxes pourront, suivant les besoins, être majorées ou réduites par la loi
de finances.

ART. 26. La Caisse nationale des retraites exercera un recours contre les chefs
d'entreprise débiteurs, pour le compte desquels des sommes auront été payées
par elle, conformément aux dispositions qui précèdent.

En cas d'assurance du chef d'entreprise, elle jouira, pour le remboursement
de ses avances, du privilège de l'article 2102 du Code civil sur l'indemnité due
par l'assureur et n'aura plus de recours contre le chef d'entreprise.

Un règlement d'administration publique déterminera les conditions d'organisation et de fonctionnement du service conféré par les dispositions précédentes
à la Caisse nationale des retraites et, notamment, les formes du recours à
exercer contre les chefs d'entreprise débiteurs ou les sociétés d'assurances et
les syndicats de garantie, ainsi que les conditions dans lesquelles les victimes
d'accidents ou leurs ayants droit seront admis à réclamer à la Caisse le payement de leurs indemnités.

Les décisions judiciaires n'emporteront hypothèque que si elles sont rendues
au profit de la Caisse des retraites exerçant son recours contre les chefs d'entreprise ou les compagnies d'assurances.

ART. 27. Les compagnies d'assurances mutuelles ou à primes fixes contre les
accidents, françaises ou étrangères, sont soumises à la surveillance et au contrôle de l'État et astreintes à constituer des réserves ou cautionnements dans
les conditions déterminées par un règlement d'administration publique.

Le montant des réserves ou cautionnements sera affecté par privilège au payement des pensions et indemnités.

Les syndicats de garantie seront soumis à la même surveillance et un règlement d'administration publique déterminera les conditions de leur création et
de leur fonctionnement.

Les frais de toute nature résultant de la surveillance et du contrôle seront
couverts au moyen de contributions proportionnelles au montant des réserves
ou cautionnements, et fixés annuellement, pour chaque compagnie ou association, par arrêté du Ministre du commerce.

ART. 28. Le versement du capital représentatif des pensions allouées en vertu
de la présente loi ne peut être exigé des débiteurs.

Toutefois, les débiteurs qui désireront se libérer en une fois pourront verser
le capital représentatif de ces pensions à la Caisse nationale des retraites, qui
établira à cet effet, dans les six mois de la promulgation de la présente loi, un
tarif tenant compte de la mortalité des victimes d'accidents et de leurs ayants
droit.

Lorsqu'un chef d'entreprise cesse son industrie, soit volontairement, soit par
décès, liquidation judiciaire ou faillite, soit par cession d'établissement, le capital représentatif des pensions à sa charge devient exigible de plein droit et
sera versé à la Caisse nationale des retraites. Ce capital sera déterminé au jour
de son exigibilité, d'après le tarif visé au paragraphe précédent.

Toutefois, le chef d'entreprise ou ses ayants droit peuvent être exonérés du
versement de ce capital, s'ils fournissent des garanties qui seront à déterminer
par un règlement d'administration publique.

TITRE V.

DISPOSITIONS GÉNÉRALES.

ART. 29. Les procès-verbaux, certificats, actes de notoriété, significations, jugements et autres actes faits ou rendus en vertu et pour l'exécution de la présente loi, sont délivrés gratuitement, visés pour timbre et enregistrés gratis lorsqu'il y a lieu à la formalité de l'enregistrement.

Dans les six mois de la promulgation de la présente loi, un décret déterminera les émoluments des greffiers de justice de paix pour leur assistance et la rédaction des actes de notoriété, procès-verbaux, certificats, significations, jugements, envois de lettres recommandées, extraits, dépôts de la minute d'enquête au greffe, et pour tous les actes nécessités par l'application de la présente loi, ainsi que les frais de transport auprès des victimes et d'enquête sur place.

ART. 30. Toute convention contraire à la présente loi est nulle de plein droit.

ART. 31. Les chefs d'entreprise sont tenus, sous peine d'une amende de un à quinze francs (1 à 15 fr.), de faire afficher dans chaque atelier la présente loi et les règlements d'administration relatifs à son exécution.

En cas de récidive dans la même année, l'amende sera de seize à cent francs (16 à 100 fr.).

Les infractions aux dispositions des articles 11 et 31 pourront être constatées par les inspecteurs du travail.

ART. 32. Il n'est point dérogé aux lois, ordonnances et règlements concernant les pensions des ouvriers, apprentis et journaliers appartenant aux ateliers de la Marine et celles des ouvriers immatriculés des manufactures d'armes dépendant du Ministère de la guerre.

ART. 33. La présente loi ne sera applicable que trois mois après la publication officielle des décrets d'administration publique qui doivent en régler l'exécution.

ART. 34. Un règlement d'administration publique déterminera les conditions dans lesquelles la présente loi pourra être appliquée à l'Algérie et aux colonies.

La présente loi, délibérée et adoptée par le Sénat et par la Chambre des députés, sera exécutée comme loi de l'État.

Fait à Paris, le 9 avril 1898.

FÉLIX FAURE.

Par le Président de la République :

Le Ministre du Commerce, de l'Industrie,
des Postes et des Télégraphes,

HENRY BOUCHER.

Le Ministre de l'Intérieur,
LOUIS BARTHOU.

Le Ministre des Travaux publics,
A. TURREL.

Le Garde des Sceaux,
Ministre de la Justice et des Cultes,
V. MILLIARD.

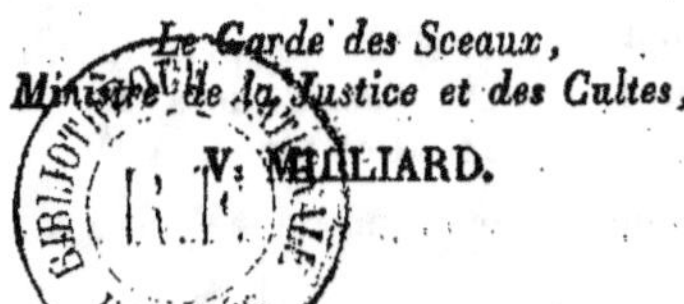

DÉCRET DU 28 FÉVRIER 1899

portant règlement d'administration publique pour l'exécution
de l'article 26 de la loi du 9 avril 1898.

(*Journal officiel* du 1er mars 1899.)

Le Président de la République française,

Sur le rapport du Ministre du commerce, de l'industrie, des postes et des télégraphes ;

Vu les avis du Ministre des finances, en date des 5 décembre 1898 et 21 janvier 1899 ;

Vu l'avis du Ministre de la justice, en date du 29 octobre 1898 ;

Vu la loi du 9 avril 1898 et notamment le troisième paragraphe de l'article 26 ainsi conçu : « Un règlement d'administration publique déterminera les conditions d'organisation et de fonctionnement du service conféré par les dispositions précédentes à la Caisse nationale des retraites et notamment les formes du recours à exercer contre les chefs d'entreprise débiteurs ou les sociétés d'assurances et les syndicats de garantie, ainsi que les conditions dans lesquelles les victimes d'accidents ou leurs ayants droit seront admis à réclamer à la Caisse le payement de leurs indemnités » ;

Vu la loi du 20 juillet 1886 et le décret du 28 décembre 1886 ;

Le Conseil d'État entendu,

Décrète :

TITRE PREMIER.

CONDITIONS DANS LESQUELLES LES VICTIMES D'ACCIDENTS OU LEURS AYANTS DROIT SONT ADMIS À RÉCLAMER LE PAYEMENT DE LEURS INDEMNITÉS.

ART. 1er. Tout bénéficiaire d'une indemnité liquidée en vertu de l'article 16 de la loi du 9 avril 1898, à la suite d'un accident ayant entraîné la mort ou une incapacité permanente de travail, qui n'aura pu obtenir le payement, lors de leur exigibilité, des sommes qui lui sont dues, doit en faire la déclaration au maire de la commune de sa résidence.

ART. 2. La déclaration est faite soit par le bénéficiaire de l'indemnité ou son représentant légal, soit par un mandataire ; elle est exempte de tous frais.

ART. 3. La déclaration doit indiquer :

1° Les nom, prénoms, âge, nationalité, état civil, profession, domicile du bénéficiaire de l'indemnité ;

2° Les nom et domicile du chef d'entreprise débiteur ou la désignation et l'indication du siège de la société d'assurances ou du syndicat de garantie qui aurait dû acquitter la dette à ses lieu et place ;

3° La nature de l'indemnité et le montant de la créance réclamée ;

4° L'ordonnance ou le jugement en vertu duquel agit le bénéficiaire;

5° Le cas échéant, les nom, prénoms, profession et domicile du représentant légal du bénéficiaire ou du mandataire.

Art. 4. La déclaration, rédigée par les soins du maire, est signée par le déclarant.

Le maire y joint toutes les pièces qui lui sont remises par le réclamant à l'effet d'établir l'origine de la créance, ses modifications ultérieures et le refus de payement opposé par le débiteur : chef d'entreprise, sociétés d'assurances ou syndicat de garantie.

Art. 5. Le récépissé de la déclaration et des pièces qui l'accompagnent est remis par le maire au déclarant.

La déclaration et les pièces produites à l'appui sont transmises par le maire au directeur général de la Caisse des dépôts et consignations dans les vingt-quatre heures.

Art. 6. Le directeur général de la Caisse des dépôts et consignations adresse, dans les quarante-huit heures à partir de sa réception, le dossier au juge de paix du domicile du débiteur, en l'invitant à convoquer celui-ci d'urgence par lettre recommandée.

Art. 7. Le débiteur doit comparaître au jour fixé par le juge de paix soit en personne, soit par mandataire.

Il lui est donné connaissance de la réclamation formulée contre lui.

Procès-verbal est dressé par le juge de paix des déclarations faites par le comparant, qui appose sa signature sur le procès-verbal.

Art. 8. Le comparant qui ne conteste ni la réalité, ni le montant de la créance est invité par le juge de paix soit à s'acquitter par devant lui, soit à expédier au réclamant la somme due au moyen d'un mandat-carte et à communiquer au greffe le récépissé de cet envoi.

Cette communication doit être effectuée au plus tard le deuxième jour qui suit la comparution devant le juge de paix.

Le juge de paix statue sur le payement des frais de convocation.

Il constate, s'il y a lieu, dans son procès-verbal la libération du débiteur.

Art. 9. Dans le cas où le comparant, tout en reconnaissant la réalité et le montant de sa dette, déclare ne pas être en état de s'acquitter immédiatement, le juge de paix est autorisé, si les motifs invoqués paraissent légitimes, à lui accorder pour sa libération un délai qui ne peut excéder un mois.

Dans ce cas, en vue du payement immédiat prévu à l'article 13 ci-dessous, le procès-verbal dressé par le juge de paix constate la reconnaissance de la dette et l'engagement pris par le comparant de se libérer dans le délai qui lui a été accordé au moyen soit d'un versement entre les mains du caissier de la Caisse des dépôts et consignations à Paris ou des préposés de la Caisse dans les départements, soit de l'expédition d'un mandat-carte payable au caissier général à Paris.

Art. 10. Si le comparant déclare ne pas être débiteur du réclamant ou n'être que partiellement son débiteur, le juge de paix constate dans son procès-verbal le refus total ou partiel de payement et les motifs qui en ont été donnés.

Il est procédé pour l'acquittement de la somme non contestée suivant les dispositions des articles 8 ou 9, tous droits restant réservés pour le surplus.

Art. 11. Au cas où le débiteur convoqué ne comparaît pas au jour fixé, le juge de paix procède dans la huitaine à une enquête à l'effet de rechercher :

1° Si le débiteur convoqué n'a pas changé de domicile ;

2° S'il a cessé son industrie soit volontairement, soit par cession d'établissement, soit par suite de faillite ou de liquidation judiciaire et, dans ce cas, quel est le syndic ou le liquidateur, soit par suite de décès et, dans l'affirmative, par qui sa succession est représentée.

Le procès-verbal dressé par le juge de paix constate la non-comparution et les résultats de l'enquête.

Art. 12. Dans les deux jours qui suivent soit la libération immédiate du débiteur, soit sa comparution devant le juge de paix au cas où il a refusé le payement ou obtenu un délai, soit la clôture de l'enquête dont il est question en l'article précédent, le juge de paix adresse au directeur général de la Caisse des dépôts et consignations le dossier et y joint le procès-verbal par lui dressé.

Art. 13. Dès la réception du dossier, s'il résulte du procès-verbal dressé par le juge de paix que le débiteur n'a pas contesté sa dette, mais ne s'en est pas libéré, ou si les motifs invoqués pour refuser le payement ne paraissent pas légitimes, le directeur général de la Caisse des dépôts et consignations remet au réclamant ou lui adresse, par mandat-carte, la somme à laquelle il a droit. Il fait parvenir également au greffier de la justice de paix le montant de ses déboursés et émoluments.

Il est procédé de même, si le débiteur ne s'est pas présenté devant le juge de paix et si la réclamation du bénéficiaire de l'indemnité paraît justifiée.

Art. 14. Dans le cas où les motifs invoqués par le comparant pour refuser le payement paraissent fondés ou, en cas de non-comparution, si la réclamation formulée par le bénéficiaire ne semble pas suffisamment justifiée, le directeur général de la Caisse des dépôts et consignations renvoie, par l'intermédiaire du maire, au réclamant le dossier par lui produit en lui laissant le soin d'agir contre la personne dont il se prétend le créancier, conformément aux règles du droit commun.

Le montant des déboursés et émoluments du greffier est, en ce cas, acquitté par les soins du directeur général et imputé sur les fonds de garantie.

TITRE II.

DU RECOURS DE LA CAISSE DES RETRAITES POUR LE RECOUVREMENT DE SES AVANCES
ET POUR L'ENCAISSEMENT DES CAPITAUX EXIGIBLES.

Art. 15. Le recours de la Caisse nationale des retraites est exercé aux requête et diligence du directeur général de la Caisse des dépôts et consignations, dans les conditions énoncées aux articles suivants.

Art. 16. Dans les cinq jours qui suivent le payement fait au bénéficiaire de l'indemnité et au greffier de la justice de paix, conformément aux articles 13 et 14, ou à l'expiration du délai dont il est question à l'article 9, si le remboursement n'a pas été opéré dans ce délai, le directeur général de la Caisse des dépôts et consignations informe le débiteur, par lettre recommandée, du payement effectué pour son compte.

Cette lettre recommandée fait en même temps connaître que, faute par le débiteur d'avoir remboursé dans un délai de quinzaine le montant de la somme payée, d'après un des modes prévus au dernier alinéa de l'article 9, le recouvrement sera poursuivi par la voie judiciaire.

ART. 17. A l'expiration du délai imparti par le deuxième alinéa de l'article 16 ci-dessus, il est délivré par le directeur général de la Caisse des dépôts et consignations, à l'encontre du débiteur qui ne s'est pas acquitté, une contrainte pour le recouvrement.

ART. 18. La contrainte décernée par le directeur général de la Caisse des dépôts et consignations est visée et déclarée exécutoire par le juge de paix du domicile du débiteur.

Elle est signifiée par ministère d'huissier.

ART. 19. L'exécution de la contrainte ne peut être interrompue que par une opposition formée par le débiteur et contenant assignation donnée au directeur général de la Caisse des dépôts et consignations devant le tribunal civil du domicile du débiteur.

ART. 20. L'instance à laquelle donne lieu l'opposition à contrainte est suivie dans les formes et délais déterminés par l'article 65 de la loi du 22 frimaire an VII sur l'enregistrement.

ART. 21. Les frais de poursuites et dépens de l'instance auxquels a été condamné le débiteur débouté de son opposition sont recouvrés par le directeur général de la Caisse des dépôts et consignations au moyen d'un état de frais taxé sur sa demande et rendu exécutoire par le président du tribunal.

ART. 22. Lorsque le capital représentatif d'une pension est, conformément aux termes de l'article 28 de la loi du 9 avril 1898, devenu exigible par suite de la faillite ou de la liquidation judiciaire du débiteur, le directeur général de la Caisse des dépôts et consignations représentant la Caisse nationale des retraites pour la vieillesse demande l'admission au passif pour le montant de sa créance.

Il est procédé, dans ce cas, conformément aux dispositions des articles 491 et suivants du Code de commerce et de la loi du 4 mars 1889 sur la liquidation judiciaire.

ART. 23. En cas d'exigibilité du capital par suite d'une des circonstances prévues en l'article 28 de la loi du 9 avril 1898 autre que la faillite ou la liquidation judiciaire du débiteur, le directeur général de la Caisse des dépôts et consignations, par lettre recommandée, met en demeure le débiteur ou ses représentants d'opérer dans les deux mois qui suivront la réception de la lettre le versement à la Caisse nationale des retraites du capital exigible, à moins qu'il ne soit justifié que les garanties prescrites par le décret du 28 février 1899, portant règlement d'administration publique en exécution de l'article 28 de la loi ci-dessus visée, ont été fournies.

ART. 24. Si, à l'expiration du délai de deux mois, le versement n'a pas été effectué ou les garanties exigées n'ont pas été fournies, il est procédé au recouvrement dans les mêmes conditions et suivant les formes énoncées aux articles 17 à 21 du présent décret.

ART. 25. En dehors des délais fixés par les dispositions qui précèdent, le directeur général de la Caisse des dépôts et consignations peut accorder au débiteur tous délais ou toutes facilités de payement.

Le directeur général peut également transiger.

TITRE III.

ORGANISATION DU FONDS DE GARANTIE.

Art. 26. Le fonds de garantie institué par les articles 24 et 25 de la loi du 9 avril 1898 fait l'objet d'un compte spécial ouvert dans les écritures de la Caisse des dépôts et consignations.

Art. 27. Le Ministre du commerce adresse au Président de la République un rapport annuel, publié au *Journal officiel*, sur le fonctionnement général du fonds de garantie visé par les articles 24 à 26 de la loi du 9 avril 1898.

Art. 28. Les recettes du fonds de garantie comprennent :
1° Les versements effectués par le Trésor public, représentant le montant des taxes recouvrées en conformité de l'article 25 de la loi du 9 avril 1898 ;
2° Les recouvrements effectués sur les débiteurs d'indemnités dans les conditions prévues aux titres I et II du présent décret ;
3° Les revenus et arrérages et le produit du remboursement, des valeurs acquises en conformité de l'article 30 du présent décret ;
4° Les intérêts du fonds de roulement prévu au deuxième alinéa du même article.

Art. 29. Les dépenses du fonds de garantie comprennent :
1° Les sommes payées aux bénéficiaires des indemnités ;
2° Les sommes versées sur des livrets individuels à la Caisse nationale des retraites pour la vieillesse et représentant les capitaux de pensions exigibles dans les cas prévus par l'article 28, paragraphe 3, de la loi du 9 avril 1898 ;
3° Le montant des frais de toute nature auxquels donne lieu le fonctionnement du fonds de garantie.

Art. 30. Les ressources du fonds de garantie sont employées dans les conditions prescrites par l'article 22 de la loi du 20 juillet 1886.
Les sommes liquides reconnues nécessaires pour assurer le fonctionnement du fonds de garantie sont bonifiées d'un intérêt calculé à un taux égal à celui qui est adopté pour le compte courant ouvert à la Caisse des dépôts et consignations dans les écritures du Trésor public.

Art. 31. Le Ministre du commerce, de l'industrie, des postes et des télégraphes, le Ministre des finances et le Garde des sceaux, Ministre de la justice, sont chargés, chacun en ce qui le concerne, de l'exécution du présent décret, qui sera publié au *Journal officiel* de la République française et inséré au *Bulletin des lois*.

Fait à Paris, le 28 février 1899.

ÉMILE LOUBET.

Par le Président de la République :

Le Ministre du Commerce, de l'Industrie,
des Postes et des Télégraphes,

PAUL DELOMBRE.

Le Ministre des Finances,

P. PEYTRAL.

Le Garde des Sceaux, Ministre de la Justice,

GEORGES LEBRET.

DÉCRET DU 28 FÉVRIER 1899

portant règlement d'administration publique pour l'exécution
de l'article 27 de la loi du 9 avril 1898.

(*Journal officiel* du 1ᵉʳ mars 1899.)

LE PRÉSIDENT DE LA RÉPUBLIQUE FRANÇAISE,

Sur le rapport du Ministre du commerce, de l'industrie, des postes et des télégraphes,

Vu l'avis du Ministre des finances, en date du 5 décembre 1898;

Vu la loi du 9 avril 1898 et notamment l'article 27 ainsi conçu :

« Les compagnies d'assurances mutuelles ou à primes fixes contre les accidents, françaises ou étrangères, sont soumises à la surveillance et au contrôle de l'État et astreintes à constituer des réserves ou cautionnements dans les conditions déterminées par un règlement d'administration publique.

« Le montant des réserves ou cautionnements sera affecté par privilège au payement des pensions et indemnités.

« Les syndicats de garantie seront soumis à la même surveillance et un règlement d'administration publique déterminera les conditions de leur création et de leur fonctionnement.

« Les frais de toute nature résultant de la surveillance et du contrôle seront couverts au moyen de contributions proportionnelles au montant des réserves ou cautionnements et fixés annuellement, pour chaque compagnie ou association, par arrêté du Ministre du commerce »;

Vu le décret du 22 janvier 1868, portant règlement d'administration publique pour la constitution des sociétés d'assurances;

Le Conseil d'État entendu,

DÉCRÈTE :

TITRE PREMIER.

SOCIÉTÉS D'ASSURANCES MUTUELLES OU À PRIMES FIXES.

CHAPITRE PREMIER.

Cautionnements et réserves.

ART. 1ᵉʳ. Toutes les sociétés qui pratiquent, dans les termes de la loi du 9 avril 1898, l'assurance mutuelle ou à primes fixes contre le risque des accidents de travail ayant entraîné la mort ou une incapacité permanente sont astreintes, pour ce risque, aux dispositions du présent titre.

ART. 2. Indépendamment des garanties spécifiées aux articles 2 et 4 du décret du 22 janvier 1868 et de la réserve mathématique, les sociétés anonymes d'assurances françaises ou étrangères à primes fixes doivent justifier de la constitution préalable d'un cautionnement fixé d'après des bases que détermine le Ministre, sur l'avis du comité consultatif prévu à l'article 16 ci-après, et affecté, par privilège, au payement des pensions et indemnités, conformément à l'article 27 de la loi.

ART. 3. Le cautionnement est constitué, dans les quinze jours de la notification de la décision du Ministre, à la Caisse des dépôts et consignations en valeurs énumérées au troisième paragraphe de l'article 8 ci-dessous. Il est revisé chaque année. Les titres sont estimés au cours moyen de la Bourse de Paris au jour du dépôt.

ART. 4. Le cautionnement est versé au lieu où la Société a son siège principal, dans les conditions déterminées par les lois et règlements en vigueur sur la consignation des valeurs mobilières.

Les intérêts des valeurs déposées peuvent être retirés par la société. Il en est de même, en cas de remboursement des titres avec primes ou lots, de la différence entre le prix de remboursement et le cours moyen à la Bourse de Paris, au jour fixé pour le remboursement, de la valeur sortie au tirage.

Le montant des remboursements, déduction faite de cette différence, doit être immédiatement remployé en achat de valeurs visées au troisième paragraphe de l'article 8, sur l'ordre de la société, ou d'office en rentes sur l'État, si la société n'a pas donné d'ordres dans les quinze jours de la notification de remboursement faite, sous pli recommandé, par la Caisse des dépôts et consignations.

Il en est de même pour les fonds provenant d'aliénations de titres demandées par la société.

ART. 5. Les valeurs déposées ou les valeurs acquises en remploi de ces valeurs ne peuvent être retirées que : 1° dans le cas où le cautionnement exigible a été fixé, pour l'année courante, à un chiffre inférieur à celui de l'année précédente et jusqu'à concurrence de la différence; 2° dans le cas où la société ayant versé à la Caisse nationale des retraites les capitaux constitutifs des rentes et indemnités assurées justifie qu'elle a complètement rempli toutes ses obligations. Dans les deux cas, une décision du Ministre du Commerce est nécessaire.

ART. 6. Indépendamment des garanties spécifiées à l'article 29 du décret du 22 janvier 1868, les sociétés d'assurances mutuelles sont soumises aux dispositions des articles 2, 3, 4 et 5 ci-dessus.

Toutefois le cautionnement qu'elles auront à verser est réduit de moitié pour celles de ces sociétés dont les statuts stipulent :

1° Que la société ne peut assurer que tout ou partie des risques prévus par l'article 3 de la loi du 9 avril 1898;

2° Qu'elle assure exclusivement soit les ouvriers d'une seule profession, soit les ouvriers de professions appartenant à un même groupe d'industries, d'après une classification générale arrêtée à cet effet par le Ministre du commerce, après avis du Comité consultatif;

3° Que le maximum de contribution annuelle dont chaque sociétaire est passible pour le payement des sinistres est au moins double de la prime totale fixée par son contrat pour l'assurance de tous les risques, et triple de la prime partielle déterminée par le Ministre du commerce, après avis du Comité consultatif, pour les mêmes professions et pour les risques définis à l'article 23 de la loi.

ART. 7. Les sociétés anonymes d'assurances à primes fixes et les sociétés mutuelles d'assurances sont tenues de justifier, dès la deuxième année d'exploitation, de la constitution d'une *réserve mathématique* ayant pour minimum de valeur le montant des capitaux représentatifs des rentes et indemnités à servir à la suite d'accidents ayant entraîné la mort ou une incapacité permanente.

Les capitaux représentatifs sont calculés d'après un barême minimum déterminé par le Ministre du commerce, après avis du Comité consultatif.

ART. 8. Le montant de la réserve mathématique est arrêté chaque année, la société entendue, par le Ministre du commerce et à l'époque qu'il détermine.

Cette réserve reste aux mains de la société. Elle ne peut être placée que dans les conditions suivantes :

1° Pour les deux tiers au moins de la fixation annuelle, en valeurs de l'État ou jouissant d'une garantie de l'État; en obligations négociables et entièrement libérées des départements, des communes et des chambres de commerce; en obligations foncières et communales du Crédit foncier ;

2° Jusqu'à concurrence du tiers au plus de la fixation annuelle, en immeubles situés en France et en premières hypothèques sur ces immeubles, pour la moitié au maximum de leur valeur estimative;

3° Jusqu'à concurrence d'un dixième, confondu dans le tiers précédent, en commandites industrielles ou en prêts à des exploitations industrielles de solvabilité notoire.

Pour la fixation prévue au paragraphe 1er du présent article, les valeurs mobilières sont estimées à leur prix d'achat. Si leur valeur totale descend au-dessous de ces prix de plus d'un dixième, un arrêté du Ministre du commerce oblige la société à parfaire la différence en titres nouveaux, dans un délai qui ne peut être inférieur à deux ans ni supérieur à cinq ans.

Les immeubles sont estimés à leur prix d'achat ou de revient; les prêts hypothécaires, les commandites industrielles ou les prêts à des sociétés industrielles, aux prix établis par actes authentiques.

ART. 9. Si les sociétés visées aux articles 2 et 6 ci-dessus ne font point elles-mêmes le service des rentes et indemnités attribuables aux termes de l'article 3 de la loi du 9 avril 1898 pour les accidents ayant entraîné la mort ou une incapacité permanente de travail et si elles opèrent immédiatement le versement des capitaux constitutifs de ces rentes et indemnités à la Caisse nationale des retraites, il n'y a pas lieu pour elles à constitution de réserve mathématique.

Si ces sociétés versent seulement, dans les conditions susdésignées, une partie des capitaux constitutifs dont il s'agit, leur réserve mathématique est réduite proportionnellement.

CHAPITRE II.

Surveillance et contrôle.

ART. 10. Les sociétés visées à l'article 1er qui assurent d'autres risques que celui résultant de l'application de la loi du 9 avril 1898 pour le cas de mort ou d'incapacité permanente ou qui assurent concurremment un risque analogue dans des pays étrangers doivent établir, pour les opérations se rattachant à ce risque en France, une gestion et une comptabilité absolument distinctes.

ART. 11. Toutes les sociétés doivent communiquer immédiatement au Ministre du commerce dix exemplaires de tous les règlements, tarifs, polices, prospectus et imprimés distribués ou utilisés par elles.

Les polices doivent :

1° Reproduire textuellement les articles 3, 9, 19 et 30 le la loi du 9 avril 1898;

2° Spécifier qu'aucune clause de déchéance ne pourra être opposée aux ouvriers créanciers;

3° Stipuler que les contrats se trouveraient résiliés de plein droit dans le cas où la société cesserait de remplir les conditions fixées par la loi et le présent décret.

ART. 12. Les sociétés doivent produire au Ministre du commerce, aux dates fixées par lui :

1° Le compte rendu détaillé annuel de leurs opérations, avec des tableaux financiers et statistiques annexes dans les conditions déterminées par arrêté ministériel, après avis du comité consultatif. Ce compte rendu doit être délivré par les sociétés intéressées à toute personne qui en fait la demande, moyennant payement d'une somme qui ne peut excéder 1 franc;

2° L'état des salaires assurés et l'état des rentes et indemnités correspondant au risque spécifié à l'article 1er, ainsi que tous autres états ou documents manuscrits que le Ministre juge nécessaires à l'exercice du contrôle.

ART. 13. Elles sont soumises à la surveillance permanente de commissaires-contrôleurs, sous l'autorité du Ministre du commerce, et peuvent être en outre contrôlées par toute personne spécialement déléguée à cet effet par le Ministre

ART. 14. Les commissaires-contrôleurs sont recrutés, dans les conditions déterminées, par arrêté du Ministre du commerce, après avis du comité consultatif.

Ils prêtent serment de ne pas divulguer les secrets commerciaux dont ils auraient connaissance dans l'exercice de leurs fonctions.

Ils sont spécialement accrédités, pour des périodes fixées, auprès des sociétés qu'ils ont mission de surveiller.

Ils vérifient, au siège des sociétés, l'état des assurés et des salaires assurés, les contrats intervenus, les écritures et pièces comptables, la caisse, le portefeuille, les calculs des réserves et tous les éléments de contrôle propres, soit à établir les opérations dont résultent des obligations pour les sociétés, soit à constater la régulière exécution tant des statuts que des prescriptions contenues dans le décret du 22 janvier 1868, dans le présent décret et dans les arrêtés ministériels qu'il prévoit.

Ils se bornent à ces vérifications et constatations, sans pouvoir donner aux sociétés aucune instruction ni apporter à leur fonctionnement aucune entrave.

Ils rendent compte au Ministre du commerce, qui seul prescrit, dans les formes et délais qu'il fixe, les redressements nécessaires.

ART. 15. A l'aide des rapports de vérification et des contre-vérifications auxquelles il peut faire procéder soit d'office, soit à la demande des sociétés intéressées, le Ministre du commerce présente chaque année au Président de la République un rapport d'ensemble établissant la situation de toutes les sociétés soumises à la surveillance.

Il adresse, le cas échéant, à chacune des sociétés les injonctions nécessaires et la met en demeure de s'y conformer.

Art. 16. Il est constitué auprès du Ministre du commerce un « Comité consultatif des assurances contre les accidents du travail » dont l'organisation est réglée par arrêté du Ministre.

Ce Comité doit être consulté dans les cas spécifiés par le présent décret et par les décrets du même jour, rendus en exécution des articles 26 et 28 de la loi du 9 avril 1898. Il peut être saisi par le Ministre de toutes autres questions relatives à l'application de ladite loi.

Art. 17. Le décret du 22 janvier 1868 demeure applicable aux sociétés régies par le présent décret, en toutes celles de ses dispositions qui ne lui sont pas contraires.

Art. 18. Chaque année, avant le 1ᵉʳ décembre, le Ministre du commerce arrête, après avis du Comité consultatif, et publie au *Journal officiel* la liste des sociétés mutuelles ou à primes fixes, françaises ou étrangères, qui fonctionnent dans les conditions prévues par les articles 26 et 27 de la loi du 9 avril 1898 et par le présent décret.

Art. 19. Dès que, après fixation du cautionnement, dans les conditions déterminées par les articles 2 et 6 ci-dessus, chaque société actuellement existante aura effectué à la Caisse des dépôts et consignations le versement du montant de ce cautionnement, mention de cette formalité sera faite au *Journal officiel* par les soins du Ministre du commerce, en attendant la publication de la première liste générale prévue à l'article 18.

Il en sera de même ultérieurement pour les sociétés constituées après publication de la liste générale annuelle.

Art. 20. Les sociétés étrangères doivent accréditer auprès du Ministre du commerce et de la Caisse des dépôts et consignations un agent spécialement préposé à la direction de toutes les opérations faites en France pour les assurances visées à l'article 1ᵉʳ.

Cet agent représente seul la société auprès de l'Administration. Il doit être domicilié en France.

TITRE II.

SYNDICATS DE GARANTIE.

Art. 21. Les syndicats de garantie prévus par la loi du 9 avril 1898 lient solidairement tous leurs adhérents pour le payement des rentes et indemnités attribuables en vertu de la même loi à la suite d'accidents ayant entraîné la mort ou une incapacité permanente.

La solidarité ne prend fin que lorsque le syndicat de garantie a liquidé entièrement ses opérations soit directement, soit en versant à la Caisse nationale des retraites l'intégralité des capitaux constitutifs des rentes et indemnités dues.

La liquidation peut être périodique.

Art. 22. Ces syndicats de garantie doivent comprendre au moins 5,000 ouvriers assurés et 10 chefs d'entreprise adhérents, dont 5 ayant au moins chacun 300 ouvriers.

Art. 23. Le fonctionnement de chaque syndicat est réglé par des statuts, qui doivent être soumis, avant toute opération, à l'approbation du Gouvernement.

Il est statué, par décret rendu en Conseil d'État, sur le rapport du Ministre du commerce, après avis du Comité consultatif des assurances contre les accidents du travail, au vu des actes souscrits et des pièces justifiant des conditions et des engagements prévus aux articles 21 et 22 ci-dessus.

ART. 24. Le décret portant approbation des statuts règle :

1° Le fonctionnement de la surveillance et du contrôle, dans des conditions analogues à celles que détermine le chapitre II du titre Iᵉʳ du présent décret.

2° Les conditions dans lesquelles l'approbation peut être révoquée et les mesures à prendre, en ce cas, pour le versement des capitaux constitutifs des pensions et indemnités en cours.

ART. 25. Les contributions pour frais de surveillance sont fixées d'après le montant du cautionnement auquel serait astreinte une société d'assurance pour le même chiffre de salaires assurés.

ART. 26. Le Ministre du commerce, de l'industrie, des postes et des télégraphes et le Ministre des finances sont chargés, chacun en ce qui le concerne, de l'exécution du présent décret, qui sera publié au *Journal officiel de la République française* et inséré au *Bulletin des lois.*

Fait à Paris, le 28 février 1899.

ÉMILE LOUBET.

Par le Président de la République :

Le Ministre du Commerce, de l'Industrie,
des Postes et des Télégraphes,

PAUL DELOMBRE.

Le Ministre des Finances,

P. PEYTRAL.

DÉCRET DU 28 FÉVRIER 1899

portant règlement d'administration publique pour l'exécution de l'article 28 de la loi du 9 avril 1898.

(*Journal officiel* du 1ᵉʳ mars 1899.)

Le Président de la République française,

Sur le rapport du Ministre du commerce, de l'industrie, des postes et des télégraphes;

Vu l'avis du Ministre des finances, en date du 2 février 1899;

Vu la loi du 9 avril 1898 et notamment les deux derniers alinéas de son article 28 ainsi conçus :

«Lorsqu'un chef d'entreprise cesse son industrie, soit volontairement, soit par décès, liquidation judiciaire ou faillite, soit par cession d'établissement, le capital représentatif des pensions à sa charge devient exigible de plein droit et sera versé à la Caisse nationale des retraites. Ce capital sera déterminé au jour de son exigibilité, d'après le tarif visé au paragraphe précédent.

«Toutefois le chef d'entreprise ou ses ayants droit peuvent être exonérés du versement de ce capital, s'ils fournissent des garanties qui seront à déterminer par un règlement d'administration publique»;

Vu le décret du 28 février 1899, portant règlement d'administration publique en exécution de l'article 26 de la loi ci-dessus visée, et notamment les articles 22 à 25 dudit décret relatifs à l'exigibilité des capitaux représentatifs des pensions dues en vertu de la loi du 9 avril 1898;

Vu le décret du même jour, portant règlement d'administration publique en exécution de l'article 27 de la loi ci-dessus visée, et notamment le titre II relatif aux syndicats de garantie prévus par ladite loi;

Le Conseil d'État entendu,

Décrète :

Art. 1ᵉʳ. Lorsqu'un chef d'entreprise cesse son industrie dans les cas prévus par l'avant-dernier alinéa de l'article 28 de la loi du 9 avril 1898, ce chef d'entreprise ou ses ayants droit peuvent être exonérés du versement à la Caisse nationale des retraites du capital représentatif des pensions à leur charge s'ils justifient :

1° Soit du versement de ce capital à une des sociétés visées à l'article 18 du décret du 28 février 1899, portant règlement d'administration publique en exécution de l'article 27 de la loi ci-dessus visée;

2° Soit de l'immatriculation d'un titre de rente pour l'usufruit au nom des titulaires de pensions, le montant de la rente devant être au moins égal à celui de la pension;

3° Soit du dépôt à la Caisse des dépôts et consignations, avec affectation à la garantie des pensions, de titres spécifiés au paragraphe 3 de l'article 8 du décret précité. La valeur de ces titres, établie d'après le cours moyen de la Bourse de

Paris au jour du dépôt, doit correspondre au chiffre maximum qu'est susceptible d'atteindre le capital constitutif exigible par la Caisse nationale des retraites. Elle peut être revisée tous les trois ans à la valeur actuelle des pensions, d'après le cours moyen des titres au jour de la revision;

4° Soit de l'affiliation du chef d'entreprise à un syndicat de garantie liant solidairement tous ses membres et garantissant le payement des pensions;

5° Soit, en cas de cession d'établissement, de l'engagement pris par le cessionnaire, vis-à-vis du directeur général de la Caisse des dépôts et consignations, d'acquitter les pensions dues et de rester solidairement responsable avec le chef d'entreprise.

Art. 2. Des arrêtés du Ministre du commerce, pris après avis du comité consultatif des assurances contre les accidents, règlent les mesures nécessaires à l'application du présent décret.

Art. 3. Le Ministre du commerce, de l'industrie, des postes et des télégraphes et le Ministre des finances sont chargés, chacun en ce qui le concerne, de l'exécution du présent décret, qui sera publié au *Journal officiel de la République française* et inséré au *Bulletin des lois*.

Fait à Paris, le 28 février 1899.

ÉMILE LOUBET.

Par le Président de la République :

Le Ministre du Commerce, de l'Industrie,
des Postes et des Télégraphes,

PAUL DELOMBRE.

Le Ministre des Finances,

P. PEYTRAL.

ARRÊTÉ DU 26 AVRIL 1902.

Le Ministre du Commerce, de l'Industrie, des Postes et des Télégraphes,

Sur la proposition du Sous-Secrétaire d'État des Postes et des Télégraphes,

Arrête :

L'article 20 de l'arrêté du 1er juin 1875 est modifié ainsi qu'il suit :

«En cas de maladie dûment constatée, les ouvriers commissionnés conservent l'intégralité du salaire durant une période de trois mois ; au delà de cette limite et pendant une nouvelle période de trois mois, le salaire est réduit de moitié.

Toute absence motivée par une autre cause entraîne la suspension du salaire.

Paris, le 26 avril 1902.

A. MILLERAND.

Paris, le 28 avril 1902.

CIRCULAIRE N° 92

relative à l'application des dispositions de l'arrêté ministériel du 26 avril 1902 concernant les congés de maladie des ouvriers commissionnés.

MONSIEUR LE DIRECTEUR, vous trouverez ci-joint le texte d'un arrêté ministériel en date du 26 avril 1902, pris en vue de réglementer la situation des ouvriers commissionnés pendant les absences pour cause de maladie, et dont les dispositions s'appliquent aux cas de maladie contractée ou non à l'occasion du service ou d'accident non visé par la loi.

Le décompte des absences devra avoir lieu conformément aux règles admises jusqu'ici par l'Administration, et dans les conditions indiquées par la circulaire du 5 janvier 1892, relative aux congés des agents et sous-agents, auxquels l'arrêté ci-joint assimile, au point de vue de la durée des congés de maladie, les ouvriers commissionnés.

La liquidation des salaires et demi-salaires sera effectuée d'office et par vos soins aux dates réglementaires.

Je vous prie de m'accuser réception de la présente circulaire.

Le Sous-Secrétaire d'État des Postes et des Télégraphes,

LÉON MOUGEOT.

Paris, le 6 juin 1902.

DIRECTION DU MATÉRIEL ET DE LA CONSTRUCTION. — 1ᵉʳ BUREAU
CONSTRUCTION ET ENTRETIEN DES LIGNES AÉRIENNES ET SOUTERRAINES.

CIRCULAIRE Nᵒ 110

relative à l'application de la loi du 22 mars 1902, modifiant divers articles de la loi du 9 avril 1898, concernant les responsabilités des accidents dont les ouvriers sont victimes dans leur travail.

MONSIEUR LE DIRECTEUR, la loi du 22 mars 1902 et le décret du 23 mars 1902, qui la complète, modifient les articles 2, 7, 11, 12, 17, 18, 20 et 22 de la loi du 9 avril 1898 concernant les responsabilités des accidents dont les ouvriers sont victimes dans leur travail.

Je vous prie de donner immédiatement connaissance au personnel de votre Service du nouveau texte des articles modifiés.

L'affichage devra en être fait dans les conditions indiquées par la circulaire nᵒ 42, du 1ᵉʳ février 1901, et conformément aux dispositions de l'article 31 de la loi du 9 avril 1898.

Il me paraît utile d'appeler votre attention sur l'interprétation qu'il convient de donner notamment aux articles 11 et 12, qui ont été assez profondément modifiés.

Ces nouveaux articles comportent les modifications suivantes : 1ᵒ la production du certificat médical n'est plus nécessaire lorsque l'accident n'occasionne pas une interruption de travail supérieure à quatre jours ; 2ᵒ la déclaration d'accident et le certificat médical sont toujours transmis par le maire au juge de paix, qui décide, d'après les conclusions du certificat médical, s'il y a lieu de procéder à une enquête ; et 3ᵒ la déclaration d'accident, dont le nouveau modèle, que vous trouverez ci-après, a été fixé par décret du 23 mars 1902, contient des indications plus précises sur les causes et les circonstances dans lesquelles s'est produit l'accident et sur la nature des blessures.

Le délai de quarante-huit heures pour la déclaration d'accident est maintenu, mais il est prolongé d'autant de fois vingt-quatre heures qu'il y a de dimanches ou jours fériés dans l'intervalle. Je crois devoir vous rappeler, à ce sujet, que tout accident ayant occasionné une incapacité de travail et quelle qu'en soit la gravité, doit être déclaré dans les délais légaux.

Le 2ᵉ paragraphe du nouvel article 11 prévoit les indications que doit contenir la déclaration d'accident. Vous veillerez à ce que ces indications soient fournies intégralement et dans la forme fixée par le nouveau modèle de déclaration. Toute déclaration incomplète ou différente du modèle réglementaire peut être refusée par le maire à qui elle est présentée.

La production du certificat médical n'est plus exigée au moment de la déclaration. Elle n'est nécessaire, comme il est dit ci-dessus, que si l'accident occasionne une incapacité de travail de plus de quatre jours. Si l'interruption du travail se prolonge au delà de cette limite, la pièce de dont il s'agit doit être remise au maire ou à son représentant *au plus tard le quatrième jour* à compter de l'accident. Rien ne s'oppose, toutefois, à ce que le certificat médical soit joint à la déclaration si l'accident, tout en étant peu grave, fait prévoir, dès le début, une incapacité supérieure à quatre jours. Mais, dans les cas graves, il y aura intérêt à ne faire établir cette pièce qu'au dernier moment, afin de permettre au médecin de se prononcer exactement sur les conséquences de l'accident.

Vous remarquerez que le délai de quatre jours accordé pour la remise du certificat ne comporte pas la défalcation des dimanches et jours fériés.

Le certificat médical doit toujours indiquer *l'état de la victime, les suites probables de l'accident et l'époque à laquelle il sera possible d'en connaître le résultat définitif.*

J'appelle particulièrement votre attention sur l'établissement de cette pièce. La loi rendant responsables les chefs d'entreprise de la régularité des certificats médicaux, vous devrez exiger des médecins une pièce conforme aux prescriptions du paragraphe 3 du nouvel article 11.

En cas de refus du certificat médical par les médecins voisins du théâtre de l'accident, vous vous adresserez au juge de paix, qui en désignera un d'office. Vous trouverez ci-après le modèle de dépôt du certificat médical (modèle IV).

En échange des deux récépissés qui lui seront remis, le maire devra vous délivrer deux récépissés afférents aux deux pièces produites. Comme précédemment, les récépissés de la déclaration et du dépôt du certificat médical devront être transmis à l'Administration à l'appui du rapport.

Je vous prie de m'accuser réception de la présente circulaire et de me donner l'assurance que les prescriptions qu'elle contient seront rigoureusement observées.

Le Ministre du Commerce, de l'Industrie,
des Postes et des Télégraphes,

A. MILLERAND.

LOI DU 22 MARS 1902

modifiant divers article de la loi du 9 avril 1898 concernant les responsabilités des accidents dont les ouvriers sont victimes dans leur travail.

———

Le Sénat et la Chambre des députés ont adopté,

Le Président de la République promulgue la loi dont la teneur suit :

Art. 1er. Les articles 2, 7, 11, 12, 17, 18, 20 et 22 de la loi du 9 avril 1898 sont modifiés ainsi qu'il suit :

Art. 2. Les ouvriers et employés désignés à l'article précédent ne peuvent se prévaloir, à raison des accidents dont ils sont victimes dans leur travail, d'aucunes dispositions autres que celles de la présente loi.

Ceux dont le salaire annuel dépasse deux mille quatre cents francs (2,400 fr.) ne bénéficient de ces dispositions que jusqu'à concurrence de cette somme. Pour le surplus, ils n'ont droit qu'au quart des rentes stipulées à l'article 3, à moins de conventions contraires élevant le chiffre de la quotité.

Art. 7. Indépendamment de l'action résultant de la présente loi, la victime ou ses représentants conservent contre les auteurs de l'accident, autres que le patron ou ses ouvriers et préposés, le droit de réclamer la réparation du préjudice causé, conformément aux règles du droit commun.

L'indemnité qui leur sera allouée exonérera à due concurrence le chef de l'entreprise des obligations mises à sa charge. Dans le cas où l'accident a entraîné une incapacité permanente ou la mort, cette indemnité devra être attribuée sous forme de rentes servies par la Caisse nationale des retraites.

En outre de cette allocation sous forme de rente, le tiers reconnu responsable pourra être condamné, soit envers la victime, soit envers le chef de l'entreprise, si celui-ci intervient dans l'instance, au payement des autres indemnités et frais prévus aux articles 3 et 4 ci-dessus.

Cette action contre les tiers responsables pourra même être exercée par le chef d'entreprise, à ses risques et périls, aux lieu et place de la victime ou de ses ayants droit si ceux-ci négligent d'en faire usage.

Art. 11. Tout accident ayant occasionné une incapacité de travail doit être déclaré dans les quarante-huit heures, non compris les dimanches et jours fériés par le chef d'entreprise ou ses préposés, au maire de la commune qui en dresse procès-verbal et en délivre immédiatement récépissé.

La déclaration et le procès-verbal doivent indiquer, dans la forme réglée par décret, les nom, qualité et adresse du chef d'entreprise, le lieu précis, l'heure et la nature de l'accident, les circonstances dans lesquelles il s'est produit, la nature des blessures, les noms et adresses des témoins.

Dans les quatre jours qui suivent l'accident, si la victime n'a pas repris son travail, le chef d'entreprise doit déposer à la mairie, qui lui en délivre immédiatement récépissé, un certificat de médecin indiquant l'état de la victime, les suites probables de l'accident, et l'époque à laquelle il sera possible d'en connaître le résultat définitif.

La déclaration d'accident pourra être faite dans les mêmes conditions par la victime ou ses représentants jusqu'à l'expiration de l'année qui suit l'accident.

Avis de l'accident, dans les formes réglées par décret, est donné immédiatement par le maire à l'inspecteur départemental du travail ou à l'ingénieur ordinaire des mines chargé de la surveillance de l'entreprise.

L'article 15 de la loi du 2 novembre 1892 et l'article 11 de la loi du 12 juin 1893 cessent d'être applicables dans les cas visés par la présente loi.

Art. 12. Dans les vingt-quatre heures qui suivent le dépôt du certificat, et au plus tard dans les cinq jours qui suivent la déclaration de l'accident, le maire transmet au juge de paix du canton où l'accident s'est produit la déclaration et soit le certificat médical, soit l'attestation qu'il n'a pas été produit de certificat.

Lorsque, d'après le certificat médical, produit en exécution du paragraphe précédent ou transmis ultérieurement par la victime à la justice de paix, la blessure paraît devoir entraîner la mort ou une incapacité permanente, absolue ou partielle de travail, ou lorsque la victime est décédée, le juge de paix, dans les vingt-quatre heures, procède à une enquête à l'effet de rechercher :

1° La cause, la nature et les circonstances de l'accident ;

2° Les personnes victimes et le lieu où elles se trouvent, le lieu et la date de leur naissance ;

3° La nature des lésions ;

4° Les ayants droit pouvant, le cas échéant, prétendre à une indemnité, le lieu et la date de leur naissance ;

5° Le salaire quotidien et le salaire annuel des victimes ;

6° La société d'assurance à laquelle le chef d'entreprise était assuré ou le syndicat de garantie auquel il était affilié.

Les allocations tarifées pour le juge de paix et son greffier en exécution de l'article 29 de la présente loi et de l'article 31 de la loi de finances du 13 avril 1900 seront avancées par le Trésor.

Art. 17. Les jugements rendus en vertu de la présente loi sont susceptibles d'appel selon les règles du droit commun. Toutefois l'appel, sous réserve des dispositions de l'article 449 du Code de procédure civile, devra être interjeté dans les trente jours de la date du jugement s'il est contradictoire, et, s'il est par défaut, dans la quinzaine à partir du jour où l'opposition ne sera plus recevable.

L'opposition ne sera plus recevable en cas de jugement par défaut contre partie, lorsque le jugement aura été signifié à personne, passé le délai de quinze jours à partir de cette signification.

La Cour statuera d'urgence dans le mois de l'acte d'appel. Les parties pourront se pourvoir en cassation.

Toutes les fois qu'une expertise médicale sera ordonnée, soit par le juge de paix, soit par le tribunal ou par la Cour d'appel, l'expert ne pourra être le médecin qui a soigné le blessé, ni un médecin attaché à l'entreprise ou à la société d'assurance à laquelle le chef d'entreprise est affilié.

Art. 18. L'action en indemnité prévue par la présente loi se prescrit par un an à dater du jour de l'accident, ou de la clôture de l'enquête du juge de paix, ou de la cessation du payement de l'indemnité temporaire.

L'article 55 de la loi du 10 août 1871 et l'article 124 de la loi du 5 avril 1884 ne sont pas applicables aux instances suivies contre les départements ou les communes, en exécution de la présente loi.

Art. 20. Aucune des indemnités déterminées par la présente loi ne peut être attribuée à la victime qui a intentionnellement provoqué l'accident.

Le tribunal a le droit, s'il est prouvé que l'accident est dû à une faute inexcusable de l'ouvrier, de diminuer la pension fixée au titre Iᵉʳ.

Lorsqu'il est prouvé que l'accident est dû à la faute inexcusable du patron ou de ceux qu'il s'est substitués dans la direction, l'indemnité pourra être majorée, mais sans que la rente ou le total des rentes allouées puisse dépasser, soit la réduction, soit le montant du salaire annuel.

En cas de poursuites criminelles, les pièces de procédure seront communiquées à la victime ou à ses ayants droit.

Le même droit appartiendra au patron ou à ses ayants droit.

Art. 22. Le bénéfice de l'assistance judiciaire est accordé de plein droit, sur le visa du procureur de la République, à la victime de l'accident ou a ses ayants droit devant le président du tribunal civil et devant le tribunal.

Le procureur de la République procède comme il est prescrit à l'article 13 (§§ 2 et suivants) de la loi du 22 janvier 1851, modifiée par la loi du 10 juillet 1901.

Le bénéfice de l'assistance judiciaire s'applique de plein droit à l'acte d'appel. Le premier président de la cour. sur la demande qui lui sera adressée à cet effet, désignera l'avoué près la cour dont la constitution figurera dans l'acte d'appel, et commettra un huissier pour le signifier.

Si la victime de l'accident se pourvoit devant le bureau d'assistance judiciaire pour en obtenir le bénéfice en vue de toute la procédure d'appel, elle sera dispensée de fournir les pièces justificatives de son indigence.

Le bénéfice de l'assistance judiciaire s'étend de plein droit aux instances devant le juge de paix, à tous les actes d'exécution mobilière et immobilière et à toute contestation incidente à l'exécution des décisions judiciaires.

L'assisté devra faire déterminer par le bureau d'assistance judiciaire de son domicile la nature des actes et procédure d'exécution auxquels l'assistance s'appliquera.

Art. 2. La présente loi est applicable aux accidents visés par la loi du 30 juin 1899.

La présente loi, délibérée et adoptée par le Sénat et par la Chambre des députés, sera exécutée comme loi de l'État.

Fait à Paris, le 22 mars 1902.

ÉMILE LOUBET.

Par le Président de la République :

Le Ministre du Commerce, de l'Industrie,
des Postes et des Télégraphes,

A. MILLERAND.

DÉCRET DU 23 MARS 1902

relatif a l'exécution des articles 11 et 12 de la loi du 9 avril 1898, modifiés par la loi du 22 mars 1902 (responsabilités des accidents dont les ouvriers sont victimes dans leur travail).

———

Le Président de la République française,

Sur le rapport du Ministre du Commerce, de l'Industrie, des Postes et des Télégraphes;

Vu la loi du 9 avril 1898 concernant les responsabilités des accidents dont les ouvriérs sont victimes dans leur travail, modifiée par la loi du 22 mars 1902 :

Vu spécialement l'article 11 et le premier alinéa de l'article 12 ainsi conçus :

«*Art. 11.* Tout accident ayant occasionné une incapacité de travail doit être déclaré dans les quarante-huit heures, non compris les dimanches et jours fériés, par le chef d'entreprise ou ses préposés. au maire de la commune, qui en dresse procès-verbal et en délivre immédiatement récépissé.

«La déclaration et le procès-verbal doivent indiquer dans la forme réglée par décret, les noms, qualité et adresse du chef d'entreprise, le lieu précis, l'heure et la nature de l'accident, les circonstances dans lesquelles il s'est produit, la nature des blessures, les noms et adresses des témoins.

«Dans les quatre jours qui suivent l'accident, si la victime n'a pas repris son travail, le chef d'entreprise doit déposer à la mairie, qui lui en délivre immédiatement récépissé, un certificat de médecin indiquant l'état de la victime, les suites probables de l'accident et l'époque à laquelle il sera possible d'en connaître le résultat définitif.

«La déclaration d'accident pourra être faite dans les mêmes conditions par la victime ou ses représentants jusqu'à l'expiration de l'année qui suit l'accident.

«Avis de l'accident, dans les formes réglées par ce décret, est donné immédiatement par le maire à l'inspecteur départemental du travail ou à l'ingénieur ordinaire des mines chargé de la surveillance de l'entreprise.

«L'article 15 de la loi du 2 novembre 1892 et l'article 11 de la loi du 12 juin 1893 cessent d'être applicables dans les cas visés par la présente loi.

«*Art. 12.* Dans les vingt-quatre heures qui suivent le dépôt du certificat, et au plus tard dans les cinq jours qui suivent la déclaration de l'accident, le maire transmet au juge de paix du canton où l'accident s'est produit la déclaration et soit le certificat médical, soit l'attestation qu'il n'a pas été produit de certificat»;

Vu les décrets des 30 juin et 18 août 1899 relatifs à l'application des articles 11 et 12 de la loi du 9 avril 1898;

Décrète :

Art. 1ᵉʳ. Pour chaque victime d'un accident ayant occasionné une incapacité de travail, dans les cas prévus par la loi du 9 avril 1898, la déclaration de l'accident, le récépissé de cette déclaration, le procès-verbal du maire, le dépôt du

certificat médical, le récépissé de ce dépôt, la transmission de pièces à la justice de paix, l'avis au service d'inspection, seront établis conformément aux sept
modèles annexés au présent décret.

Art. 2. Le présent décret aura effet à dater du 1ᵉʳ mai 1902.

Sont rapportés, à la même date, les décrets des 30 juin et 18 août 1899.

Art. 3. Le Ministre du Commerce, de l'Industrie, des Postes et des Télégraphes, est chargé de l'exécution du présent décret qui sera publié au *Journal
officiel* de la République française et inséré au *Bulletin des lois*.

Fait à Paris, le 23 mars 1902.

ÉMILE LOUBET.

Par le Président de la République :

*Le Ministre du Commerce, de l'Industrie,
des Postes et des Télégraphes,*
A. MILLERAND.

MODÈLE I.

DÉCLARATION D'ACCIDENT DU TRAVAIL (A).
(Art. 11 de la loi du 9 avril 1898, modifié par la loi du 22 mars 1902.)

(1) Indiquer les nom, prénoms, profession et adresse, soit du chef d'entreprise, s'il fait la déclaration lui-même, soit de son préposé, en mentionnant son emploi dans l'entreprise, soit des représentants de la victime, en mentionnant à quel titre ils la représentent (père, mère, conjoint, enfant, mandataire, etc.).

Si la déclaration est faite par la victime elle-même, indiquer ici les renseignements prévus ci-après sous le n° 3.

(2) Indiquer la nature de l'établissement et son adresse, ainsi que le lieu précis où l'accident s'est produit.

(3) Indiquer les nom, prénoms, âge, sexe, profession et adresse de la victime.

(4) Spécifier l'engin, le travail, le fait qui a occasionné l'accident.

(5) Préciser la nature des blessures : fracture de la jambe, contusions, lésions internes, asphyxie, etc. Spécifier s'il y a eu décès.

(6) Indiquer les noms, professions et adresses.

(7) Titre et siège du syndicat de garantie, de la société mutuelle ou de la compagnie à primes fixes qui assure le chef d'entreprise. S'il n'y a pas d'assureur, le déclarer expressément.

Le soussigné, (1)
déclare à M. le maire de la commune d
canton d
arrondissement d
département d
conformément à l'article 11 de la loi du 9 avril 1898, modifié par la loi du 22 mars 1902, qu'un accident ayant occasionné une incapacité de travail est survenu le
à   heure
dans (2)
à (3)

L'accident a été occasionné par la cause matérielle (4) ci-après, dans les circonstances suivantes :

L'accident a produit les blessures suivantes : (5)

Les témoins de l'accident sont : (6)

Je déclare être assuré contre les accidents du travail par la société ci-après : (7)

Fait à   , le   19 .

(Signature du déclarant.)

(A) Cette déclaration doit être remise à la mairie par le chef d'entreprise ou son préposé dans les quarante-huit heures de l'accident, non compris les dimanches et jours fériés. Dans les quatre jours qui suivent l'accident, si la victime n'a pas repris son travail, le chef d'entreprise ou son préposé doit, en outre, déposer un certificat de médecin indiquant l'état de la victime, les suites probables de l'accident et l'époque à laquelle il sera possible d'en connaître le résultat définitif (Mod. IV).

Si la déclaration est faite par la victime ou ses ayants droit, le certificat médical doit être joint à la déclaration.

MODÈLE II.

DÉPARTEMENT
d
—

ARRONDISSEMENT
d
—

CANTON
d
—

(1) Nom et prénoms.
(2) Nom et prénoms du déclarant.
(3) Nom, prénoms et adresse de la victime.

RÉPUBLIQUE FRANÇAISE.

Mairie d

RÉCÉPISSÉ DE DÉCLARATION
D'ACCIDENT DU TRAVAIL.
(Art. 11 de la loi du 9 avril 1898, modifié par la loi du 22 mars 1902.)

Nous soussigné (1)
maire de la commune d
donnons récépissé à M. (2)

de la déclaration de l'accident survenu le
à (3)
qu'il a déposée ce jour à la mairie, à   heure.

Fait à   , le   19 .

(Signature.)

MODÈLE III.

DÉPARTEMENT

d

ARRONDISSEMENT

d

CANTON

d

(1) Nom et prénoms.

(2) Indiquer les nom, prénoms, profession et adresse soit du chef d'entreprise, s'il fait la déclaration lui-même, soit de son préposé, en mentionnant son emploi dans l'entreprise, soit des représentants de la victime, en mentionnant à quel titre ils la représentent (père, mère, conjoint, enfant, mandataire, etc.).

Si la déclaration est faite par la victime elle-même, indiquer ici les renseignements prévus ci-après sous le n° 4.

(3) Indiquer la nature de l'établissement et son adresse, ainsi que le lieu précis où l'accident s'est produit.

(4) Indiquer les nom, prénoms, âge, sexe, profession et adresse de la victime.

(5) Spécifier l'engin, le travail, le fait qui a occasionné l'accident.

(6) Préciser la nature des blessures : fracture de la jambe, contusions, lésions internes, asphyxie, etc. Spécifier s'il y a eu décès.

(7) Indiquer les noms, professions et adresses.

RÉPUBLIQUE FRANÇAISE.

Mairie d

PROCÈS-VERBAL DE DÉCLARATION
D'ACCIDENT DU TRAVAIL.

(Art. 11 de la loi du 9 avril 1898, modifié par la loi du 22 mars 1902.)

Nous, soussigné (1)
maire de la commune d
avons reçu le   à   heure
de M. (2)

en exécution de l'article 11 de la loi du 9 avril 1898, modifié par la loi du 22 mars 1902, une déclaration relative à un accident survenu le   à   heure
dans (3)
à (4)

Cette déclaration constate :

1° Que l'accident a été occasionné par la cause matérielle (5) ci-après, dans les circonstances suivantes : .

2° Que l'accident a produit les blessures suivantes (6) :

3° Que les témoins de l'accident sont (7) :

La déclaration, dont récépissé a été délivré séance tenante au déclarant, a été annexée au présent procès-verbal pour être transmise à la justice de paix dans le délai prescrit par la loi (A).

Fait et arrêté le présent procès-verbal les jour, mois et an que dessus.

(Signature du maire.)

(A) Si la déclaration est faite par la victime ou ses ayants droit, le procès-verbal fait en outre mention du dépôt du certificat médical, qui doit être joint à la déclaration.

MODÈLE IV.

DÉPÔT DE CERTIFICAT MÉDICAL.

(Art. 11 de la loi du 9 avril 1898, modifié par la loi du 22 mars 1902.)

(1) Indiquer les nom, prénoms, profession et adresse soit du chef d'entreprise, s'il fait la déclaration lui-même, soit de son préposé, en mentionnant son emploi dans l'entreprise.

(2) Indiquer les nom, prénoms, âge, sexe, profession et adresse de la victime.

(3) Nom et adresse.

Le soussigné, (1)
remet à M. le maire de la commune d
canton d
arrondissement d
département d
pour être joint à la déclaration faite le
de l'accident survenu le
à (2)

un certificat du docteur (3)

indiquant l'état de la victime, les suites probables de l'accident et l'époque à laquelle il sera possible d'en connaître le résultat définitif.

Fait à   , le   19 .

(Signature du déposant.)

MODÈLE V.

DÉPARTEMENT

d

ARRONDISSEMENT

d

CANTON

d

(1) Nom et prénoms.
(2) Nom et prénoms du déclarant.
(3) Nom, prénoms et adresse de la victime.

RÉPUBLIQUE FRANÇAISE.

Mairie d

RÉCÉPISSÉ DE CERTIFICAT MÉDICAL.

(Art. 11 de la loi du 9 avril 1898, modifié par la loi du 22 mars 1902.)

Nous, soussigné (1)
maire de la commune d
donnons récépissé à M (2)
du certificat médical relatif à l'accident survenu à (3)
qu'il a déposé ce jour à la mairie,
à   heure   , pour être joint à la déclaration reçue
le

Fait à   , le   19 .

(Signature.)

MODÈLE VI.

DÉPARTEMENT

d

ARRONDISSEMENT

d

CANTON

d

(1) Nom et prénoms.
(2) Date de la déclaration.
(3) Nom, adresse et qualité du déclarant. (Si la déclaration est faite par la victime elle-même, indiquer ici les renseignements prévus sous le n° 5.)
(4) Date et heure de l'accident.
(5) Nom, prénoms et adresse de la victime.
(6) Désignation et adresse de l'établissement.
(7) Formule à rayer suivant le cas.

RÉPUBLIQUE FRANÇAISE.

Mairie d

TRANSMISSION DE PIÈCES
À LA JUSTICE DE PAIX POUR ENQUÊTE (a).

(Art. 12 de la loi du 9 avril 1898, modifié par la loi du 22 mars 1902.)

Nous, soussigné (1)
maire de la commune d
transmettons avec la présente à M. le juge de paix du canton
d   la déclaration
faite à notre mairie le (2)
à   heure   , par (3)
au sujet d'un accident survenu le (4)
à (5)
occupé dans (6)

Ci-joint le certificat médical déposé le
pour être annexé à la déclaration susvisée (7).

(*ou:*) Nous certifions qu'il n'a pas été déposé de certificat médical dans le délai prévu par la loi (7).

Fait à   , le   19 .

(a) Cette transmission doit être faite dans les vingt-quatre heures qui suivent le dépôt du certificat, et au plus tard dans les cinq jours qui suivent la déclaration.

MODÈLE VII.

DÉPARTEMENT
d ———

ARRONDISSEMENT
d ———

CANTON
d ———

(1) Nom et prénoms.

(2) L'inspecteur départemental du travail en résidence à
ou l'ingénieur ordinaire des mines en résidence à

(3) Indiquer le nom, la qualité et l'adresse du déclarant.

(4) Indiquer la nature de l'établissement et son adresse, ainsi que le lieu précis où l'accident s'est produit.

(5) Indiquer les nom, prénoms, âge, sexe, profession et adresse de la victime.

(6) Spécifier l'engin, le travail, le fait qui a occasionné l'accident.

(7) Préciser la nature des blessures : fracture de la jambe, contusions, lésions internes, asphyxie, etc.

(8) Indiquer les noms, professions et adresses.

(9) Si la victime est décédée, le spécifier expressément; si on indiquer autant que possible la durée probable d'incapacité de travail d'après le certificat médical.

RÉPUBLIQUE FRANÇAISE.

Mairie d ———

AVIS DE DÉCLARATION D'ACCIDENT

DU TRAVAIL

TRANSMIS AU SERVICE D'INSPECTION (a).

(Art. 11 de la loi du 9 avril 1898, modifié par la loi du 22 mars 1902.)

Nous, soussigné (1)

maire de la commune d

avisons M (2)

que nous avons reçu le   à   heure

de (3)

une déclaration d'accident survenu le

à   heure

dans (4)

à (5)

Cette déclaration constate :

1° Que l'accident a été occasionné par la cause matérielle (6) ci-après, dans les circonstances suivantes :

2° Que l'accident a produit les blessures suivantes (7) :

3° Que les témoins de l'accident sont (8) :

Le certificat médical indique comme suites probables de l'accident (9) :

Fait à   , le   19

TABLE DES MATIÈRES.

Pages.

Circulaire n° 42 relative à l'application aux ouvriers commissionnés et auxiliaires de la loi du 9 avril 1898 concernant les accidents survenus par le fait ou à l'occasion du travail. ... 3

Arrêté du 23 janvier 1901. ... 8

Texte de la loi du 9 avril 1898 concernant les responsabilités des accidents dont les ouvriers sont victimes dans leur travail. ... 10

Décret du 28 février 1899 portant règlement d'administration publique pour l'exécution de l'article 26 de la loi du 9 avril 1898. ... 18

Décret du 28 février 1899 portant règlement d'administration publique pour l'exécution de l'article 27 de la loi du 9 avril 1898. ... 23

Décret du 28 février 1899 portant règlement d'administration publique pour l'exécution de l'article 28 de la loi du 9 avril 1898. ... 29

Arrêté du 26 avril 1902. ... 31

Circulaire n° 92 du 28 avril 1902 relative à l'application des dispositions de l'arrêté ministériel du 26 avril 1902 concernant les congés de maladie des ouvriers commissionnés. ... 32

Circulaire n° 110 du 6 juin 1902 relative à l'application de la loi du 22 mars 1902 modifiant divers articles de la loi du 9 avril 1898 concernant les responsabilité des accidents dont les ouvriers sont victimes dans leur travail. ... 33

Texte de la loi du 22 mars 1902 modifiant divers articles de la loi du 9 avril 1898 concernant les responsabilités des accidents dont les ouvriers sont victimes dans leur travail. ... 35

Décret du 23 mars 1902 relatif à l'exécution des articles 11 et 12 de la loi du 9 avril 1898, modifiée par la loi du 22 mars 1902. ... 38

Modèle de déclaration d'accident du travail. ... 40

Modèle de récépissé de déclaration d'accident du travail. ... 40

Modèle du procès-verbal de déclaration d'accident du travail. ... 41

Modèle de dépôt de certificat médical. ... 41

Modèle de récépissé du certificat médical. ... 42

Modèle de transmission de pièces à la justice de paix pour enquête. ... 42

Modèle d'avis de déclaration d'accident du travail. ... 43

IMPRIMERIE NATIONALE. — 203-86-1902.

www.ingramcontent.com/pod-product-compliance
Lightning Source LLC
LaVergne TN
LVHW021045050726
842519LV00003B/1014